BBC ACTIVE

GREEK

Phrase Book
&Dictionary

Philippa Goodrich
Language consultant: Maria Dikeakou Gaffney

D0596348

Greek Phrase Book and Dictionary

Published by Educational Publishers LLP trading as BBC Active
Edinburgh Gate, Harlow, Essex CM20 2JE

Published 2005
Reprinted 2005 (twice), 2006

ISBN-10: 0-5635-1922-3
ISBN-13: 9-780563-51922-5

Managing Editor: Joanna Kirby
Project Editor: Josie Frame
Index Editor: Paula Peebles
Designer: Elizabeth Burns
Concept design: Pentacor Book Design
Cover design: Two Associates
Cover photo: copyright © Todd A Gipstein/CORBIS
Senior Production Controller: Man Fai Lau

Printed and bound in China
CTPSC/02
The Publisher's policy is to use paper manufactured from sustainable forests.

how to use this book

This book is divided into colour-coded sections to help you find the language you need as quickly as possible. You can also refer to the **contents** on pages 4–5, the contents lists at the start of each section or the **index** on page 221.

Along with travel and language tips, each section contains:

 YOU MAY WANT TO SAY...
language you'll need for every situation

 YOU MAY SEE...
words and phrases you'll see on signs or in print

 YOU MAY HEAR... questions, instructions or information people may ask or give you

On page 10 you'll find **essentials**, a list of basic, all-purpose phrases to help you start communicating straight away.

Many of the phrases can be adapted by simply using another word from the dictionary. For instance, take the question Πού είναι το κέντρο της πόλης; (Where is the town centre?). If you want to know where the *station* is, just substitute ο σταθμός (the station) for το κέντρο της πόλης (the town centre) to give Πού είναι ο σταθμός;.

The **pronunciation guide** is based on English sounds, and is explained on page 6. If you want some guidance on how the Greek language works, see **basic grammar** on page 143. The **dictionary** is separated into two sections: English–Greek (page 151) and Greek–English (page 191).

We welcome any comments or suggestions about this book, but in the meantime, have a good trip - Καλό ταξίδι!

contents

pronunciation guide

The Greek alphabet consists of 24 letters, most of which will look or sound familiar as they also exist in English. If you follow the guide, pronunciation shouldn't be a problem as almost all of the sounds already exist in English.

All Greek words of more than one syllable are written with a stress mark, e.g. Καλημέρα, which indicates where you should put the emphasis. In this book the stressed syllable appears in bold type, e.g. *kaleemera*.

✳ vowels

LETTER	NAME AND PRONUNCIATION	APPROX ENGLISH EQUIVALENT	SHOWN IN BOOK AS
Α, α	άλφα (*alfa*)	a as in 'cat'	a
Ε, ε	έψιλον (*epseelon*)	e as in 'pen'	e
Η, η	ήτα (*eeta*)	i as in 'ill'	i
Ι, ι	γιώτα (*yota*)	ee as in 'keen', but clipped short	ee
Ο, ο	όμικρον (*omeekron*)	o as in 'lot'	o
Υ, υ	ύψιλον (*eepseelon*)	ee as in 'keen', but clipped short	ee
Ω, ω	ωμέγα (*omega*)	o as in 'olive'	o

✳ consonants

LETTER	NAME AND PRONUNCIATION	APPROX ENGLISH EQUIVALENT	SHOWN IN BOOK AS
Β, β	βήτα (*veeta*)	v as in 'van'	v
Γ, γ	γάμμα (*gama*)	g as in 'sugar'; or y as in 'yet' before the sounds 'e' and 'ee'	g or y

Δ, δ	δέλτα *(dhelta)*	**th** as in '**th**is'	*dh*
Ζ, ζ	ζήτα *(zeeta)*	**z** as in '**z**ero'	*z*
Θ, θ	θήτα *(theeta)*	**th** as in '**th**ink'	*th*
Κ, κ	κάπα *(kapa)*	**k** as in '**k**ey'	*k*
Λ, λ	λάμδα *(lamdha)*	**l** as in '**l**emon'	*l*
Μ, μ	μι *(mee)*	**m** as in '**m**useum'	*m*
Ν, ν	νι *(nee)*	**n** as in '**n**et'	*n*
Ξ, ξ	ξι *(ksee)*	**ks** as in 'ta**x**i'	*ks*
Π, π	πι *(pee)*	**p** as in '**p**en'	*p*
Ρ, ρ	ρω *(ro)*	**r** as in '**r**ed' (but a bit more emphatic)	*r*
Σ, σ or ς*	σίγμα *(seegma)*	**s** as in '**s**un'	*s*
Τ, τ	ταυ *(taf)*	**t** as in '**t**able'	*t*
Φ, φ	φι *(fee)*	**f** as in '**f**ire'	*f*
Χ, χ	χι *(hee)*	**ch** as in 'lo**ch**'	*h*
Ψ, ψ	ψι *(psee)*	**ps** as in 'cu**ps**'	*ps*

*Note: The letter 'σ' is used at the beginning and in the middle of the word whereas the 'ς' is used only at the end, e.g. Κώστας, ίσως.

❋ vowel combinations

LETTER	APPROX ENGLISH EQUIVALENT	FOR EXAMPLE
αι	**e** as in '**pe**n'	ναι *(ne)*
ει, οι, υι	**ee** as in '**kee**n'	είμαι *(eeme)*; πλοίο *(pleeo)*
ου	**oo** as in '**roo**t'	ουρανός *(ooranos)*
αυ, ευ	**af** as in '**af**ar' or **ef** as in 'refer**ee**' (when the letters immediately following are γκ, κ, ξ, π, σ, τ, φ and χ);	αυτός *(aftos)*; ευχαριστώ *(efhareesto)*
	av as in '**av**ocado' or	αύριο *(avreeo)*; Εύβοια *(Eveea)*

> **ev** as in 'level' (when
> immediately followed
> by a vowel (α, ε, αι, ι,
> η, υ, ει, οι, ο, ω, ου)
> or the consonants β,
> γ, δ, λ, μ, ν or ρ)

Note: As in English, double letters, e.g. 'll', 'rr' etc., are pronounced as one, e.g.
θάλασσα *(thalassa)*, αλλά *(alla)*.

✳ consonant combinations

LETTER	APPROX ENGLISH EQUIVALENT	SHOWN IN BOOK AS
μπ	**b** as in 'bed' when it is at the beginning of a word, comes after a consonant or it occurs twice in a word, e.g. μπορώ *(boro)*, μπαρμπούνι *(barboonee)*;	*b*
	mb as in 'number' when it is in the middle of a word, e.g. λάμπα *(lamba)*.	*mb*
ντ	**d** as in 'door' when it is at the beginning of a word, comes after a consonant or it occurs twice in a word, e.g. ντομάτα *(domata)*, καλντερίμι *(kaldereemee)*, ντιαντεύω *(dadevo)*;	*d*
	nd as in 'land' when it is in the middle of a word, e.g. παντελόνι *(pandelonee)*.	*nd*
γκ	**g** as in 'gone' when it is at the beginning of a word or when it comes after a consonant, e.g. γκαράζ *(garage)*, αργκό *(argo)*.	*g*
γκ/γγ	**ng** as in 'English' when it is in the middle of a word, e.g. Άγγλος *(Anglos)*.	*ng*
τσ	**ts** as in 'cats' e.g. τσατσάρα *(tsatsara)*.	*ts*
τζ	**ds** as in 'seeds' for example, τζάμι *(dsamee)*.	*ds*

The combination 'γχ' is pronounced like the '**gh**' in 'Nottingham'. For example, παιγχνίδι *(peghneedhee)*.

pronunciation guide

the basics

*essentials

Hello.	Γεια σας.	*yasas*
Goodbye.	Αντίο.	*andeeo*
Good morning.	Καλημέρα.	*kaleemera*
Good evening.	Καλησπέρα.	*kaleespera*
Good night.	Καληνύχτα.	*kaleeneehta*
Yes.	Ναι.	*ne*
No.	Όχι.	*ohee*
Please.	Παρακαλώ.	*parakalo*
Thank you (very much).	Ευχαριστώ (πολύ).	*efhareesto (polee)*
You're welcome./ Don't mention it.	Παρακαλώ.	*parakalo*
I don't know.	Δεν ξέρω.	*dhen ksero*
I don't understand.	Δεν καταλαβαίνω.	*dhen katalaveno*
I don't speak much Greek.	Δεν μιλάω πολλά Ελληνικά.	*dhen meelao pola eleeneeka*
Do you speak English?	Μιλάτε Αγγλικά;	*meelate angleeka*
Pardon?	Συγνώμη;	*seegnomee*
Could you repeat that please?	Μπορείτε να το επαναλάβετε παρακαλώ;	*boreete na to epanalavete parakalo*
More slowly, please.	Πιο αργά, παρακαλώ.	*pio arga parakalo*

the basics

How do you say it in Greek?	Πώς το λέτε στα Ελληνικά;	*pos to lete sta eleeneeka*
Excuse me.	Με συγχωρείτε.	*me seenhoreete*
Sorry!	Συγνώμη!	*seegnomee*
OK, fine./That's all right.	Εντάξει.	*entaksee*
Cheers!	Στην υγειά σας!	*steen eeyiasas*
I'd like...	Θα ήθελα...	*tha eethela...*
Is there (any)...?	Υπάρχει...;	*eeparhee...*
Are there (any)...?	Υπάρχουν...;	*eeparhoon...*
Do you have...?	Έχετε...;	*ehete...*
What's this?	Τι είναι αυτό;	*tee eene afto*
How much is it?	Πόσο κάνει αυτό;	*poso kanee afto*
Can I....?	Μπορώ...;	*boro...*
Can we...?	Μπορούμε...;	*boroome...*
Where is/are...?	Πού είναι...;	*poo eene...*
How do I/we get to...?	Πώς πάω/πάμε...;	*pos pao/pame...*
Can you show me on the map?	Μπορείτε να μου δείξετε στο χάρτη;	*boreete na moo theeksete sto hartee*
Help!	Βοήθεια!	*voeetheea*

✱ numbers

1	ένα	*ena*
2	δύο	*dheeo*
3	τρία	*treea*
4	τέσσερα	*tesera*
5	πέντε	*pende*
6	έξι	*eksee*
7	εφτά (επτά)	*efta (epta)*
8	οχτώ (οκτώ)	*ohto (okto)*
9	εννέα (εννιά)	*ennea (ennia)*
10	δέκα	*dheka*
11	έντεκα	*endeka*
12	δώδεκα	*dhodheka*
13	δεκατρία	*dhekatreea*
14	δεκατέσσερα	*dhekatessera*
15	δεκαπέντε	*dhekapende*
16	δεκαέξι	*dhekaeksee*
17	δεκαεφτά (δεκαεπτά)	*dhekaefta (dhekaepta)*
18	δεκαοχτώ (δεκαοκτώ)	*dhekaohto (dhekaokto)*
19	δεκαεννέα (δεκαεννιά)	*dhekaennea (dhekaennia)*
20	είκοσι	*eekosee*
21	είκοσι ένα	*eekosee ena*
22...	είκοσι δύο...	*eekosee dheeo...*
30	τριάντα	*treeanda*
31	τριάντα ένα	*treeanda ena*
40	σαράντα	*saranda*
50	πενήντα	*peneenda*
60	εξήντα	*ekseenda*
70	εβδομήντα	*evdhomeenda*
80	ογδόντα	*ogdhonda*
90	ενενήντα	*eneneenda*
100	εκατό	*ekato*

101	εκατόν ένα	*ekaton ena*
102...	εκατόν δύο...	*ekaton dheeo...*
200	διακόσια	*dheeakosia*
250	διακόσια πενήντα	*dheeakosia peneenda*
300	τριακόσια	*treeakosia*
400	τετρακόσια	*tetrakosia*
500	πεντακόσια	*pandakosia*
600	εξακόσια	*eksakosia*
700	εφτακόσια (επτακόσια)	*eftakosia (eptakosia)*
800	οχτακόσια (οκτακόσια)	*ohtakosia (oktakosia)*
900	εννιακόσια	*enniakosia*
1,000	χίλια	*heelia*
2,000	δύο χιλιάδες	*dheeo heeliadhes*
3,000	τρεις χιλιάδες	*trees heeliadhes*
4,000	τέσσερις χιλιάδες	*tesserees heeliadhes*
5,000	πέντε χιλιάδες	*pende heeliadhes*
100,000	εκατό χιλιάδες	*ekato heeliadhes*
one million	ένα εκατομμύριο	*ena ekatomeereeo*

✳ ordinal numbers

first	πρώτος-η-ο (m-f-n)	*protos-ee-o*
second	δεύτερος-η-ο	*defteros-ee-o*
third	τρίτος-η-ο	*treetos-ee-o*
fourth	τέταρτος-η-ο	*tetartos-ee-o*
fifth	πέμπτος-η-ο	*pemptos-ee-o*
sixth	έκτος-η-ο	*ektos-ee-o*
seventh	έβδομος-η-ο	*evdhomos-ee-o*
eighth	όγδοος-η-ο	*ogdhoos-ee-o*
ninth	ένατος-η-ο	*enatos-ee-o*
tenth	δέκατος-η-ο	*dhekatos-ee-o*

the basics

* fractions

a quarter	τέταρτο	*tetarto*
a half	μισό	*meeso*
three-quarters	τρία τέταρτα	*treea tetarta*
a third	ένα τρίτο	*ena treeto*
two-thirds	δύο τρίτα	*dheeo treeta*

* days

Monday	Δευτέρα	*dheftera*
Tuesday	Τρίτη	*treetee*
Wednesday	Τετάρτη	*tetartee*
Thursday	Πέμπτη	*pemptee*
Friday	Παρασκευή	*paraskevee*
Saturday	Σάββατο	*savato*
Sunday	Κυριακή	*keeriakee*

* months

January	Ιανουάριος	*eeanooareeos*
February	Φεβρουάριος	*fevrooareeos*
March	Μάρτιος	*marteeos*
April	Απρίλιος	*apreeleeos*
May	Μάιος	*maeeos*
June	Ιούνιος	*eeooneeos*
July	Ιούλιος	*eeooleeos*
August	Αύγουστος	*avgoostos*
September	Σεπτέμβριος	*septemvreeos*
October	Οκτώβριος	*oktovreeos*
November	Νοέμβριος	*noemvreeos*
December	Δεκέμβριος	*dhekemvreeos*

✳ seasons

spring	άνοιξη	*aneexee*
summer	καλοκαίρι	*kalokeree*
autumn	φθινόπωρο	*ftheenoporo*
winter	χειμώνας	*heemonas*

✳ dates

- **What day is it today?** / Τι μέρα είναι σήμερα; / *tee mera eene seemera*

- **What date is it today?** / Τι ημερομηνία έχουμε σήμερα; / *tee eemeromeeneea ehoome seemera*

- **When is...** / Πότε είναι... / *pote eene...*
  - **your birthday?** / τα γενέθλιά σου; / *ta yenethleea soo*
  - **Easter?** / το Πάσχα; / *to pasha*

- **(It's) the fifteenth of April.** / (Είναι) δεκαπέντε Απριλίου. / *(eene) dhekapende apreeleeoo*

- **On the fifteenth of April.** / Στις δεκαπέντε Απριλίου. / *stees dhekapende apreeleeoo*

✳ telling the time

- **What time is it?** / Τι ώρα είναι; / *tee ora eene*

- **What time does it...** / Τι ώρα... / *tee ora...*
  - **open?/close?** / ανοίγει;/κλείνει; / *aneeyee/kleenee*
  - **start?/finish?** / αρχίζει;/τελειώνει; / *arheezee/teleeonee*

the basics

time phrases

- It's...
  - 10 o'clock
  - midday
  - midnight

  Είναι...
  - δέκα η ώρα
  - μεσημέρι
  - μεσάνυχτα

  eene...
  - *dheka ee ora*
  - *meseemeree*
  - *mesaneehta*

- At...
  - half past nine
  - half past ten
  - quarter past nine

  Στις...
  - εννέα και μισή
  - δέκα και μισή
  - εννέα και τέταρτο

  stees...
  - *ennea ke meesee*
  - *dheka ke meesee*
  - *ennea ke tetarto*

  - quarter to ten
  - twenty past ten
  - twenty-five to ten
  - ten on the dot

  - δέκα παρά τέταρτο
  - δέκα και είκοσι
  - δέκα παρά είκοσι πέντε
  - δέκα ακριβώς

  - *dheka para tetarto*
  - *dheka ke eekosee*
  - *dheka para eekosee pende*
  - *dheka akreevos*

- In...
  - 15 minutes
  - half an hour
  - ten minutes
  - an hour

  Σε...
  - ένα τέταρτο
  - μισή ώρα
  - δέκα λεπτά
  - μία ώρα

  se...
  - *ena tetarto*
  - *meesee ora*
  - *dheka lepta*
  - *meea ora*

* time phrases

YOU MAY WANT TO SAY...

- **today** σήμερα *seemera*

- **tomorrow** αύριο *avreeo*

- **the day after tomorrow** μεθαύριο *methavreeo*

- **yesterday** χτες/χθες *htes/hthes*

the basics

the day before yesterday	προχτές/προχθές	*prohtes/prohthes*
this morning	σήμερα το πρωί	*seemera to proee*
this afternoon	σήμερα το απόγευμα	*seemera to apoyevma*
this evening	απόψε	*apopse*
tonight	απόψε	*apopse*
on Friday	την Παρασκευή	*teen paraskevee*
on Fridays	τις Παρασκευές	*tees paraskeves*
every...	κάθε...	*kathe...*
Friday	Παρασκευή	*paraskevee*
week	εβδομάδα	*evdhomadha*
for...	Για...	*ya...*
a week	μία εβδομάδα	*meea evdhomadha*
two weeks	δύο εβδομάδες	*dheeo evdhomadhes*
two years	δύο χρόνια	*dheeo hronia*
a month	ένα μήνα	*ena meena*
I'm here for two weeks.	Είμαι εδώ για δύο εβδομάδες.	*eeme edho ya dheeo evdhomadhes*
next week	Την επομένη εβδομάδα	*teen epomenee evdhomatha*
next month	Τον επόμενο μήνα	*ton epomeno meena*
next year	Του χρόνου	*too hronoo*
last night	Χτες το βράδυ	*htes to vradhee*
last week	Την περασμένη εβδομάδα	*teen perasmenee evdhomadha*
a week ago	Πριν μία εβδομάδα	*preen meea evdhomadha*
a year ago	Πριν ένα χρόνο	*preen ena hrono*

• since...	Από...	*apo...*
last week	την περασμένη εβδομάδα	*teen perasmenee evdhomadha*
last month	τον περασμένο μήνα	*ton perasmeno meena*
last year	πέρυσι	*pereesee*
• I've been here for a month.	Είμαι εδώ ένα μήνα.	*eeme edho ya ena meena*
• I've been learning Greek for two years.	Μαθαίνω Ελληνικά εδώ και δύο χρόνια.	*matheno eleeneeka edho ke dheeo hronia*
• It's early/late.	Είναι νωρίς/αργά.	*eene norees/arga*

✳ measurements

centimetres	εκατοστά	*ekatosta*
metres	μέτρα	*metra*
kilometres	χιλιόμετρα	*heeliometra*
miles	μίλια	*meeleea*
a litre	ένα λίτρο	*ena leetro*
25 litres	25 λίτρα	*25 leetra*
gramme	γραμμάριο	*gramareeo*
100 grammes	100 γραμμάρια	*100 gramarea*
200 grammes	200 γραμμάρια	*200 gramarea*
kilos	κιλά	*keela*

CONVERSIONS

1km = 0.62 miles	200g = 7oz
1 mile = 1.61km	¼lb = 113g
1 litre = 1.8 pints	½ kilo = 1.1lb
100g = 3.5oz	½lb = 225g
1oz = 28g	1 kilo = 2.2lb

To convert	multiply by	To convert	multiply by
centimetres to inches	0.3937	inches to centimetres	2.54
kilometres to miles	0.6214	miles to kilometres	1.6090
grammes to ounces	0.0353	ounces to grammes	28.35
kilogrammes to pounds	2.2050	pounds to kilogrammes	0.4536

✳ clothes and shoe sizes

WOMEN'S CLOTHES

UK	8	10	12	14	16	18	20
Continent	34	36	38	40	42	44	46

MEN'S CLOTHES

UK	36	38	40	42	44	46	48
Continent	46	48	50	52	54	56	58

MEN'S SHIRTS

UK	14	14½	15	15½	16	16½	17
Continent	36	37	38	39	41	42	43

SHOES

UK	2	3	4	5	6	7	8
Continent	35	36	37	38	39	41	42

UK	9	10	11	12
Continent	43	44	45	46/47

the basics

✳ national holidays and festivals

Πρωτοχρονιά	**New Year's Day**	1 January
Θεοφάνεια	**Epiphany**	6 January
Τυρινής	**Shrove Tuesday**	
Καθαρά Δευτέρα	**Shrove Monday**	First day of Lent
25η Μαρτίου	**Independence Day**	25 March
Μεγάλη Παρασκευή	**Good Friday**	
Πάσχα	**Easter**	
Δευτέρα του Πάσχα	**Easter Monday**	
Πρωτομαγιά	**May Day**	1 May
Της Αναλήψεως	**Ascension Day**	
Του Αγίου Πνεύματος	**Whit Monday**	
Κοίμηση της Θεοτόκου	**Assumption**	15 August
28η Οκτωβρίου/ Ημέρα του ΟΧΙ	**'No' day – when Greece resisted the invasion of the Italians in 1941**	28 October
Παραμονή Χριστουγέννων	**Christmas Eve**	24 December
Χριστούγεννα	**Christmas Day**	25 December
Παραμονή Πρωτοχρονιάς	**New Year's Eve**	31 December

general conversation

● The most common greeting, Γεια σας (yasas), means 'Hello' and also 'Goodbye'. Καλημέρα (Good morning) is used till 4pm, Καλησπέρα (Good evening) until nightfall, and Καληνύχτα (Goodnight) after dark. Greeks often kiss both cheeks on meeting.

✳ greetings

● Hello/Goodbye. (to one person, informally)	Γεια σου.	yasoo
(formal/to more than one person)	Γεια σας.	yasas
● Good morning.	Καλημέρα.	kaleemera
● Good afternoon.	Χαίρετε	herete
● Good evening.	Καλησπέρα.	kaleespera
● Good night.	Καληνύχτα.	kaleeneehta
● Goodbye.	Αντίο.	andeeo
● See you later. (informal) (formal)	Θα σε δω αργότερα. Θα σας δω αργότερα.	tha se dho argotera tha sas dho argotera
● How are you? (informal) (formal)	Τι κάνεις; Τι κάνετε;	tee kanees tee kanete
● Fine, thanks.	Καλά, ευχαριστώ.	kala, efhareesto
● And you? (informal) (formal)	Κι εσύ; Κι εσείς;	kesee kesees

✳ introductions

My name is...	Με λένε...	*me lene...*
This is...	Αυτός είναι...	*aftos eene...*
David Brown	o David Brown	*o david brown*
Jane Clark	η Jane Clark	*ee jane clark*
my husband	ο άντρας μου	*o andras moo*
my partner (m)	ο σύντροφός μου	*o seendrofos moo*
my wife	η γυναίκα μου	*ee yeeneka moo*
my partner (f)	η σύντροφός μου	*ee seendrofos moo*
Pleased to meet you.	Χαίρω πολύ.	*hero polee*

✳ talking about yourself

I'm...	Είμαι...	*eeme...*
English (m/f)	Άγγλος/Αγγλίδα	*anglos/angleedha*
Irish (m/f)	Ιρλανδός/Ιρλανδή	*eerlandhos/ eerlandhee*
Scottish (m/f)	Σκωτσέζος/Σκωτσέζα	*skotsezos/skotseza*
Welsh (m/f)	Ουαλλός/Ουαλλή	*ooalos/ooalee*
I come from...	Είμαι από...	*eeme apo...*
England	την Αγγλία	*teen angleea*
Ireland	την Ιρλανδία	*teen eerlandheea*
Scotland	τη Σκωτία	*tee skoteea*
Wales	την Ουαλία	*teen ooaleea*
I/We live in...	Μένω/Μένουμε στο...	*meno/menoome sto...*
Newcastle	Newcastle	*newcastle*

general conversation

23

talking about yourself

I'm 25 years old.	Είμαι εικοσιπέντε χρονών.	*eeme eekoseepende hronon*
He/She's five years old.	Είναι πέντε χρονών.	*eene pende hronon*
I'm a...	Είμαι...	*eeme...*
nurse (m/f)	νοσοκόμος/ νοσοκόμα	*nosokomos/ nosokoma*
student (m/f)	φοιτητής/ φοιτήτρια	*feeteetees/ feeteetreea*
I work in/for...	Δουλεύω σε/για...	*dhoolevo se/ya...*
a bank	μία τράπεζα	*meea trapeza*
a computer firm	μία εταιρεία κομπιούτερ	*meea etereea computer*
I'm...	Είμαι...	*eeme...*
unemployed (m/f)	άνεργος/άνεργη	*anergos/aneryee*
self-employed	ελεύθερος επαγγελματίας	*eleftheros epaggelmateeas*
I'm...	Είμαι...	*eeme...*
married (m/f)	παντρεμένος/ παντρεμένη	*pandremenos/ pandremenee*
divorced (m/f)	διαζευγμένος/ διαζευγμένη	*dheeazevgmenos/ dheeazevgmenee*
separated (m/f)	χωρισμένος/ χωρισμένη	*horeesmenos/ horeesmenee*
single (m/f)	ελεύθερος/ ελεύθερη	*eleftheros/ eleftheree*
I have...	Έχω...	*eho...*
three children	τρία παιδιά	*treea pedhia*
one sister	μία αδελφή	*meea adhelfee*

- I don't have...   Δεν έχω...   *dhen eho...*
    any children   παιδιά   *pedhia*
    a partner   σύντροφο   *seendrofo*

- I'm on holiday   Είμαι εδώ για διακοπές   *eeme etho ya*
  here.   *dhiakopes*

- I'm here on   Είμαι εδώ για δουλειά   *eeme edho ya*
  business.   *dhoolia*

- I'm with my...   Είμαι με ... μου.   *eeme me ... moo*
    wife   τη γυναίκα   *tee yeeneka*
    family   την οικογένεια   *teen eekoyeneea*
    colleague (m/f) το/τη συνάδελφο   *to/tee seenathelfo*

- My husband is...   Ο άντρας μου είναι...   *o andras moo eene...*
  My wife is...   η γυναίκα μου είναι...   *ee yeeneka moo eene...*
    a software   σχεδιαστής/   *shedheeastees/*
      designer (m/f) σχεδιάστρια   *shedheeastreea*
                     ιστοσελίδων   *eestoseleedhon*
    an estate agent μεσίτης/   *meseetees/*
      (m/f)   μεσίτρια   *meseetreea*

✳ asking about other people

- Where do you   Από πού είστε;   *apo poo eeste*
  come from?

- What's your   Πώς σας λένε;   *pos sas lene*
  name?

- Are you married?   Είστε παντρεμένος/   *eeste*
  (m/f)   παντρεμένη;   *pandremenos/*
                                                pandremenee

- Do you have...   Έχετε...   ehete...
    any children?   παιδιά;   pedhia
    any brothers   αδελφούς και   adhelfoos ke
        and sisters?   αδελφές;   adhelfes
    a girlfriend?   φίλη;   feelee
    a boyfriend?   φίλο;   feelo

- How old are   Πόσο χρονών είναι/   poso hronon eene/
  they/you?   είστε;   eeste

- Is this your...   Αυτός είναι ο...   aftos eene o...
    husband?   άντρας σου;   andras soo
    partner?   σύντροφός σου;   seendrofos soo
    (boy)friend?   φίλος σου;   feelos soo

- Is this your...   Αυτή είναι η...   aftee eene ee...
    wife?   γυναίκα σου;   yeeneka soo
    partner?   σύντροφός σου;   seendrofos soo
    (girl)friend?   φίλη σου;   feelee soo

- Where...   Πού...   poo...
    are you going?   πάτε;   pate
    are you staying?   μένετε;   menete
    do you live?   ζείτε;   zeete

* chatting

YOU MAY WANT TO SAY...

- Greece is very   Η Ελλάδα είναι πολύ   ee elladha eene
  beautiful.   όμορφη.   polee omorfee

- It's the first time   Πρώτη φορά έρχομαι   protee fora erhome
  I've been to   στην Ελλάδα.   steen elladha
  Greece.

- I come to Greece often. | Έρχομαι στην Ελλάδα συχνά. | *erhome steen elladha seehna*
- Do you live here? | Μένετε εδώ; | *menete edho*
- Have you been to... | Έχετε πάει ποτέ στο... | *ehete paee pote sto...*
  - London? | Λονδίνο; | *londheeno*
  - Edinburgh? | Εδιμβούργο; | *edheemvoorgo*
- Did you like it? | Σας άρεσε; | *sas arese*

YOU MAY HEAR...

- Σας αρέσει η Ελλάδα; | *sas aresee ee elladha* | Do you like Greece?
- Έχετε ξανάρθει στην Ελλάδα; | *ehete ksanarthee steen elladha* | Have you been to Greece before?
- Πόσο θα μείνετε; | *poso tha meenete* | How long are you here for?
- Μιλάτε ελληνικά πολύ καλά. | *meelate elleeneeka polee kala* | Your Greek is very good.

✳ the weather

YOU MAY WANT TO SAY...

- It's a beautiful day/morning! | Είναι ωραία μέρα! | *eene orea mera*
- What fantastic weather! | Τι φανταστικός καιρός! | *tee fandasteekos keros*

general conversation

27

It's (very)...	Έχει (πολύ)...	*ehee (polee)...*
hot	ζέστη	*zestee*
cold	κρύο	*kreeo*
humid	υγρασία	*eegraseea*
cloudy	συννεφιά	*seenefia*
windy	αέρα	*aera*
What's the forecast?	Ποια είναι η πρόγνωση για τον καιρό;	*pia eene ee prognosee ya ton kero*
It's pouring!	Βρέχει καταρρακτωδώς!	*vrehee kataraktodhos*

✳ likes and dislikes

I like... (sing.)	Μ' αρέσει...	*maresee...*
beer	η μπύρα	*ee beera*
I like... (plural)	Μ' αρέσουν...	*maresoon...*
strawberries	οι φράουλες	*ee fraooles*
I quite like...	Μ' αρέσει αρκετά...	*maresei arketa...*
I really like...	Μ' αρέσει πολύ...	*maresei polee...*
I love...	Αγαπώ...	*agapo...*
sailing	την ιστιοπλοΐα	*teen eesteeoploeea*
I don't like...	Δεν μ' αρέσει...	*dhen maresee...*
her	αυτή	*aftee*
I don't like...	Δεν μ' αρέσουν...	*dhen maresoon...*
tomatoes	οι ντομάτες	*ee domates*

I can't stand...	Απεχθάνομαι...	apehthanome...
Tom	τον Tom	ton tom
swimming	το κολύμπι	to koleembee
Do you like...	Σας αρέσει...	sas aresee...
ice-cream?	το παγωτό;	to pagoto
him?	αυτός;	aftos
walking?	το περπάτημα;	to perpateema
climbing?	η ορειβασία;	ee oreevaseea

✳ feelings and opinions

YOU MAY WANT TO SAY...

Are you...	Είστε...	eeste...
all right?	καλά;	kala
happy? (m/f)	ευτυχισμένος/	efteeheesmenos/
	ευτυχισμένη;	efteeheesmenee
upset? (m/f)	στεναχωρημένος/	stenahoreemenos/
	στεναχωρημένη;	stenahoreemenee
Are you (too)...	Κρυώνετε (πολύ);	kreeonete (polee)
cold?	Κρυώνετε (πολύ);	kreeonete (polee)
hot?	Ζεσταίνεστε (πολύ);	zesteneste (polee)
I'm (just)...	Είμαι (απλώς)...	eeme (aplos)...
tired (m/f)	κουρασμένος/	koorasmenos/
	κουρασμένη	koorasmenee
sad (m/f)	λυπημένος/	leepeemenos/
	λυπημένη	leepeemenee
embarrassed	σε αμηχανία	se ameehaneea
I'm a bit	Είμαι λίγο	eeme leego
annoyed. (m/f)	ενοχλημένος/	enohleemenos/
	ενοχλημένη.	enohleemenee

What do you think of...?	Τι νομίζετε για...;	*tee nomeezete ya...*
I think it's...	Νομίζω ότι είναι...	*nomeezo otee eene...*
great	καταπληκτικό	*katapleekteeko*
pathetic	οικτρό	*eektro*
Did you like it?	Σας άρεσε;	*sas arese*
I thought/We thought it was...	Νομίζω/Νομίζουμε ότι ήταν...	*nomeezo/ nomeezoome otee eetan...*
beautiful	ωραίο	*oreo*
fantastic	φανταστικό	*fandasteeko*
rubbish	χάλια	*halia*
Don't you like it?	Δεν σ' αρέσει αυτό;	*dhen saresee afto*
Don't you like us?	Δεν μας συμπαθείτε;	*dhen mas seembatheete*
Don't you like me?	Δεν με συμπαθείς;	*dhen me seembathees*
Do you fancy him/her?	Σ' αρέσει αυτός/αυτή;	*saresee aftos/aftee*
Do you fancy me?	Σ' αρέσω;	*sareso*
No way!	Καθόλου!	*katholoo*
What's your favourite (film)?	Ποια είναι η αγαπημένη σου (ταινία);	*pia eene ee agapeemenee soo (teneea)*
My favourite (music) is...	Το αγαπημένο μου είδος (μουσικής) είναι...	*to agapeemeno moo eedhos (mooseekees) eene...*

How do people feel about...	Πώς νιώθουν οι Έλληνες για...	*pos niothoon ee eleenes ya...*
the government?	την κυβέρνηση;	*teen keeverneesee*
the Brits?	τους Βρετανούς;	*toos vretanoos*
drugs?	τα ναρκωτικά;	*ta narkoteeka*

✳ making arrangements

YOU MAY WANT TO SAY...

What are you doing tonight?	Τι κάνεις απόψε;	*tee kaneis apopse*
Would you like...	Θέλεις...	*theleis...*
a drink?	ένα ποτό;	*ena poto*
something to eat?	κάτι να φας;	*katee na fas*
to come with us?	να έρθεις μαζί μας;	*na ertheis mazee mas*
Yes, please.	Ναι, ευχαριστώ.	*ne efhareesto*
No, thank you.	Όχι, ευχαριστώ.	*ohee efhareesto*
That'd be great.	Θαύμα.	*thavma*
What time shall we meet?	Τι ώρα να συναντηθούμε;	*tee ora na seenanteethoome*
Where shall we meet?	Πού να συναντηθούμε;	*poo na seenanteethoome*
See you...	Θα σε δω...	*tha se dho...*
later	αργότερα	*argotera*
at seven	στις εφτά	*stees efta*

general conversation

31

We're looking forward to it.	Ανυπομονώ να τα ξαναπούμε.	*aneepomono na ta ksanapoome*
I already have plans this evening.	Έχω σχεδιάσει κάτι άλλο για απόψε.	*eho shedheeasee katee alo ya apopse*
Please go away.	Παρακαλώ φύγετε.	*parakalo feeyete*
Leave us alone! (f/f+m)	Αφήστε μας ήσυχες/ήσυχους!	*afeeste mas eeseehes/eeseehoos*

✳ useful expressions
(see **essentials**, page 10)

YOU MAY WANT TO SAY...

Congratulations!	Συγχαρητήρια!	*seenhareeteereea*
Happy birthday!	Χρόνια Πολλά!	*hronia pola*
Happy Christmas!	Καλά Χριστούγεννα!	*kala hreestooyena*
Happy New Year!	Καλή χρονιά!	*kalee hronia*
That's... fantastic! terrible!	Αυτό είναι... φανταστικό! τρομερό!	*afto eene... fandasteeko tromero*
What a pity!	Τι κρίμα!	*tee kreema*
Have a good evening.	Καλό απόγευμα.	*kalo apoyevma*
Have a good day.	Να έχετε καλή μέρα.	*na ehete kalee mera*
Safe journey!	Καλό ταξίδι!	*kalo taxeedhee*
Cheers!	Στην υγειά σας!	*steen eeyiasas*

travel&transport

✴ arriving in the country

● EU residents need a valid passport in order to enter Greece. If you're planning to stay more than 90 days, you'll need a residence permit, which is obtainable from police stations. For advice or help in Greece, contact the British consulate in Athens on 210 7272600 (www.british-embassy.gr). The Greek consulate in London is also a good source of information: contact on (020) 7221 6467 (www.greekembassy.org.uk).

YOU MAY SEE...

ΕΛΕΓΧΟΣ ΔΙΑΒΑΤΗΡΙΩΝ Έλεγχος Διαβατηρίων	Passport control
ΕΙΔΗ ΠΡΟΣ ΔΗΛΩΣΗ Είδη προς Δήλωση	Goods to declare
ΕΞΟΔΟΣ Έξοδος	Exit/Way out
ΤΕΛΩΝΕΙΟ Τελωνείο	Customs
ΠΑΡΑΛΑΒΗ ΑΠΟΣΚΕΥΩΝ Παραλαβή Αποσκευών	Baggage reclaim

YOU MAY WANT TO SAY...

● I am here...	Είμαι εδώ...	*eeme edho...*
on holiday	για διακοπές	*ya dhiakopes*
on business	για δουλειές	*ya dhoolies*

- I have...   Έχω...   *eho...*
  - this   αυτό   *afto*
  - two bottles   δύο μπουκάλια   *dheeo bookalia*
    - of whisky   ουίσκυ   *ooeeskee*
  - two cartons   δύο κούτες τσιγάρα   *dheeo kootes*
    - of cigarettes   *tseegara*
  - a receipt for this   απόδειξη γι' αυτό   *apodheexee yafto*

- It's for my own   Είναι για ιδιοχρησία.   *eene ya*
  personal use.   *eedheeohreeseea*

YOU MAY HEAR...

Το διαβατήριό σας, παρακαλώ.	*to dhiavateereeo sas parakalo*	Your passport, please.
Τα χαρτιά σας, παρακαλώ.	*ta hartia sas parakalo*	Your documents, please.
Ποιος είναι ο σκοπός του ταξιδιού σας;	*pios eene o skopos too taksidhioo sas*	What is the purpose of your visit?
Πόσο καιρό θα μείνετε εδώ;	*poso kero tha meenete edho*	How long are you going to stay here?
Πού πηγαίνετε;	*poo peeyenete*	Where are you going?
Παρακαλώ ανοίξτε... αυτή την τσάντα/ βαλίτσα το πορτ-μπαγκάζ	*parakalo aneexte... aftee teen tsanda/ valeetsa to port-baggaz*	Please open... this bag/ suitcase the boot

✳ directions

Αγορά	market place
Γκαλερί	art gallery
Διάβαση πεζών	pedestrian crossing
Δρόμος	street
Εκκλησία (Ναός)	church
Η Βουλή	the parliament
Ιδιωτικός-ή-ό	private
Κάστρο	castle
Κεντρικός σταθμός	main station
Μετρό	underground
Μητρόπολη	cathedral
Μουσείο	museum
Οδός	street (followed by its name)
Οι παραβάτες τιμωρούνται	trespassers will be prosecuted
Πεζόδρομος	pedestrian precinct
Πεζοί	pedestrians
Πλατεία	square
Στάση λεωφορείου	bus stop
Στάση τραμ	tram stop
Σταθμός	station
Φρούριο	fortress

● **Excuse me, please.** Συγνώμη, παρακαλώ. *seegnomee parakalo*

Where is...	Πού είναι...	poo **eene**...
the town centre?	το κέντρο της πόλης;	to **kendro** tees **polees**
the station?	ο σταθμός;	o **stathmos**
the road to Piraeus?	ο δρόμος για τον Πειραιά;	o **thromos** ya ton peer**ea**
a cash point?	ATM (Μηχάνημα Αυτόματων Συναλλαγών);	ATM (meeh**aneema** aft**omaton** seenal**agon**)
Where are...	Πού είναι...	poo **eene**...
the toilets?	οι τουαλέτες;	ee too**aletes**
How do we get to...	Πώς πάμε...	pos **pame**...
the airport?	στο αεροδρόμιο;	sto aerodhro**meeo**
the beach?	στην παραλία;	steen paral**eea**
I'm/We're lost.	Έχω/Έχουμε χαθεί.	**eho**/**ehoome** hath**ee**
Is this the right way to...	Αυτός είναι ο δρόμος για...	aftos **eene** o **dhromos** ya...
Can you show me on the map, please?	Μπορείτε να μου το δείξετε στο χάρτη, παρακαλώ;	bor**eete** na moo to dh**eeksete** sto **hartee**, paraka**lo**
Is it far?	Είναι μακριά;	**eene** makr**eea**
Is there ... near here?	Υπάρχει ... εδώ κοντά;	ee**parhee** ... edh**o** kon**da**
a bank	τράπεζα	tr**apeza**
an internet cafe	ίντερνετ καφέ	internet caf**ay**
Where is the nearest...	Πού είναι το κοντινότερο...	poo **eene** to kondee**notero**...
restaurant?	εστιατόριο;	estee**atoreeo**
bar?	μπαρ;	bar

travel and transport

* information and tickets
(see **telling the time**, page 15)

● Is there a ... to Piraeus (today)?	Υπάρχει ... για τον Πειραιά (σήμερα);	eeparhee ... ya ton peerea (seemera)
train	τρένο	treno
bus	λεωφορείο	leoforeeo
boat	καράβι	karavee
● What time is...	Τι ώρα είναι...	tee ora eene...
the next train to Patra?	το επόμενο τρένο για την Πάτρα;	to epomeno treno ya teen patra
the last train to Patra?	το τελευταίο τρένο για την Πάτρα;	to telefteo treno ya teen patra
● Do they go often?	Φεύγουν συχνά;	fevgoon seehna
● What time does it arrive in Patra?	Τι ώρα φτάνει στην Πάτρα;	tee ora ftanee steen patra
● Do I have to change?	Πρέπει ν' αλλάξω;	prepee nallakso
● Which platform for Patra?	Ποια είναι η αποβάθρα για την Πάτρα;	pia eene ee apovathra ya teen patra
● Which bus stop for Piraeus?	Ποια είναι η στάση για Πειραιά;	pia eene ee stasee ya peerea
● Can I get a ticket on the...	Μπορώ να βγάλω εισιτήριο στο...	boro na vgalo eeseeteereeo sto...
bus?	λεωφορείο;	leoforeeo
train?	τρένο;	treno
boat?	καράβι;	karavee
● Where can I buy...	Πού μπορώ να βγάλω...	poo boro na vgalo...
a ticket?	εισιτήριο;	eeseeteereeo

| One ticket to... | Ένα εισιτήριο για... | *ena eeseeteereeo ya...* |
| Two tickets to... | Δύο εισιτήρια για... | *dheeo eeseeteereea ya...* |

| Single. | Απλό. | *aplo* |

| Return. | Με επιστροφή. | *me epeestrofee* |

For...	Για...	*ya...*
two adults	δύο ενήλικες	*dheeo eneeleekes*
two children	δύο παιδιά	*dheeo pedhia*
and a car	κι ένα αυτοκίνητο	*kee ena aftokeeneeto*

I want to reserve...	Θέλω να κλείσω...	*thelo na kleeso...*
a seat	μία θέση	*meea thesee*
two couchettes	δύο κουκέτες	*dheeo kooketes*
a cabin	μία καμπίνα	*meea kambeena*

Is there a reduction for...	Υπάρχει μειωμένο για...	*eeparhee meeomeno ya...*
students?	φοιτητές;	*feeteetes*
senior citizens?	υπερήλικες;	*eepereeleekes*

YOU MAY HEAR...

Φεύγει στις δέκα και μισή.	*fevgee stees dheka ke meesee*	It leaves at half past ten.
Φτάνει στις τέσσερις και δέκα.	*ftanee stees teserees ke dheka*	It arrives at ten past four.
Φεύγουν κάθε δέκα λεπτά.	*fevgoon kathe dheka lepta*	They go every ten minutes.
Πρέπει ν' αλλάξετε στην Αθήνα.	*prepee nalaksete steen atheena*	You must change in Athens.

travel and transport

Αποβάθρα τέσσερα	*apovathra tesera*	platform/pier 4
Μπορείτε ν' αγοράσετε εισιτήριο στο...	*boreete nagorasete eeseeteereeo sto...*	You can buy a ticket on the...
λεωφορείο	*leoforeeo*	bus
τρένο	*treno*	train
Απλό ή με επιστροφή;	*aplo ee me epeestrofee*	Single or return?
Καπνιστές ή μη καπνιστές;	*kapneestes ee mee kapneestes*	Smoking or non-smoking?

✳ trains
(see **information and tickets**, page 38)

● You can get information, and buy and book tickets at train stations, travel agencies and tourist offices. The website of the Greek state-run rail company, O.S.E., has information in English (www.ose.gr). First and second-class fares are available.

YOU MAY SEE...

Αίθουσα Αναμονής	waiting room
Αναχώρηση	departure
Αποβάθρα	platform
Ράγες	tracks
Άφιξη	arrival
Βαγόνι ύπνου	sleeper-carriage
Γραφείο απολεσθέντων	lost property office
Δρομολόγια τρένων	timetable

Εισιτήρια	tickets
Είσοδος	entrance
Εκδοτήριο εισιτηρίων	ticket office
Εκτός Κυριακής	except Sunday
Έξοδος	exit
Καθημερινά	daily
Κουκέτες	couchettes
Κρατήσεις θέσεων	reservations
Ντουλαπάκια για τις αποσκευές	luggage lockers
Μη σκύβετε έξω	do not lean out
Πληροφορίες	information
Πληροφορίες για διαμονή	accommodation information
Προορισμός	destination
Προς αποβάθρες	to the platforms

YOU MAY WANT TO SAY...

Are there lifts to the platform?	Υπάρχει ασανσέρ για την αποβάθρα;	eeparhee asanser ya teen apovathra
Can I take my bicycle on the train?	Μπορώ να πάρω το ποδήλατό μου στο τρένο;	boro na paro to podheelato moo sto treno
Does this train go to Corinth?	Αυτό το τρένο πηγαίνει Κόρινθο;	afto to treno peeyenee koreentho
Excuse me, I've reserved...	Συγγνώμη, έχω κρατήσει...	seegnomee, eho krateesee...
that seat	αυτή τη θέση	aftee tee thesee
a couchette	μία κουκέτα	meea kooketa

travel and transport

41

buses and coaches

● Is this seat free?	Αυτή η θέση είναι πιασμένη;	*aftee ee thesee eene piasmenee*
● May I...	Μπορώ...	*boro...*
open the window?	ν' ανοίξω το παράθυρο;	*naneekso to paratheero*
smoke?	να καπνίσω;	*na kapneeso*
● Where are we?	Πού είμαστε;	*poo eemaste*
● How long does the train stop here?	Πόση ώρα σταματάει το τρένο εδώ;	*posee ora stamatae to treno edho*
● Can you tell me when we get to Corinth?	Μπορείτε να μου πείτε όταν θα φτάσουμε στην Κόρινθο;	*boreete na moo peete otan tha ftasoome steen koreentho*

✳ buses and coaches
(see **information and tickets**, page 38)

YOU MAY SEE...

Απαγορεύεται η είσοδος	no entry
Απαγορεύεται η έξοδος	no exit
Είσοδος	entrance
Είσοδος από την πίσω πόρτα	enter by the back door
Έξοδος από τη μπροστινή πόρτα	exit by the front door
Έξοδος κινδύνου	emergency exit
Μην ομιλείτε στον οδηγό	do not talk to the driver
Σταθμός λεωφορείων	bus station
Στάση λεωφορείου	bus stop

travel and transport

YOU MAY WANT TO SAY...

- Where does the bus to the town centre leave from?
  Από πού φεύγει το λεωφορείο για το κέντρο της πόλης;
  apo poo fevgee to leoforeeo ya to kendro tees polees

- Does the bus to the airport leave from here?
  Το λεωφορείο για το αεροδρόμιο φεύγει από δω;
  to leoforeeo ya to aerodhromeeo fevgee apo dho

- What number is it?
  Τι αριθμός είναι;
  tee areethmos eene

- Does this bus go to...
  Το λεωφορείο αυτό πάει...
  to leoforeeo afto paee...
    the beach?
      στην παραλία;
      steen paraleea
    the station?
      στο σταθμό;
      sto stathmo

- Can you tell me where to get off, please?
  Μπορείτε να μου πείτε πού να κατέβω, παρακαλώ;
  boreete na moo peete poo na katevo parakalo

- The next stop, please.
  Θέλω την επόμενη στάση, παρακαλώ;
  thelo teen epomenee stasee parakalo

- Can you open the doors please!
  Ανοίξτε παρακαλώ!
  aneekste parakalo

* underground
(see **information and tickets**, page 38)

YOU MAY SEE...

Απαγορεύεται το Κάπνισμα	no smoking
Είσοδος	entrance
Έξοδος	exit
Μετρό	underground
Πληροφορίες	information

travel and transport

43

- **Do you have a map of the underground?** — Έχετε χάρτη του μετρό; — *ehete hartee too metro*

- **Which line is it for Syntagma?** — Ποια γραμμή πηγαίνει στο Σύνταγμα; — *pia gramee peegenee sto seendagma*

- **Which stop is it for Syntagma?** — Ποια είναι η στάση για το Σύνταγμα; — *pia eene ee stasee.ya to seendagma*

- **Is this the right stop for Syntagma?** — Είναι αυτή η σωστή στάση για το Σύνταγμα; — *eene aftee ee sostee stasee ya to seendagma*

- **Does this train go to Syntagma?** — Το τρένο αυτό σταματά στο Σύνταγμα; — *to treno afto stamata sto seendagma*

* boats and ferries
(see **information and tickets**, page 38)

Αποβάθρα	pier
Δελφίνι	hydrofoil
Καμπίνες	cabins
Κατάστρωμα Αυτοκινήτων	car deck
Κρουαζιέρες	cruises
Λιμάνι	port, harbour
Μικρή Κρουαζιέρα	round trip
Σημείο Επιβίβασης	embarkation point
Σωσίβιο	lifebelt

travel and transport

YOU MAY WANT TO SAY...

Is there a car ferry to Evia (today)?	Υπάρχει ένα οχηματαγωγό για την Εύβοια (σήμερα);	*eeparhee ena oheematagogo ya teen eveea (semera)*
Are there any boat trips?	Έχει μικρές κρουαζιέρες σήμερα;	*ehee meekres krooazieres seemera*
How long is the cruise?	Πόσο διαρκεί η κρουαζιέρα;	*poso dheearkee ee krooaziera*
Is there wheelchair access?	Υπάρχει πρόσβαση για άτομα με αναπηρίες;	*eeparhee prosvasee ya atoma me anapeerees*
What is the sea like today?	Σε τι κατάσταση είναι η θάλασσα σήμερα;	*se tee katastasee eene ee thalasa seemera*
Is it possible to go out on deck?	Μπορώ να βγω στο κατάστρωμα;	*boro na vgo sto katastroma*

YOU MAY HEAR...

Έχει καράβι...	*ehee karavee...*	Boats go...
Τρίτη και Τετάρτη	*treetee ke tetartee*	on Tuesdays and Wednesdays
κάθε άλλη μέρα	*kathe alee mera*	every other day
Η θάλασσα είναι ήρεμη.	*ee thalasa eene eeremee*	The sea is calm.
Η θάλασσα έχει κυματάκι.	*ee thalasa ehee keematakee*	The sea is choppy.

45

✳ air travel
(see **information and tickets**, page 38)

(see **information and tickets**, page 38)

YOU MAY SEE...

Αίθουσα Αναχωρήσεων	departure lounge
Αναχωρήσεις	departures
Αναχωρήσεις Εξωτερικού	international departures
Αναχωρήσεις Εσωτερικού	domestic departures
Ασφάλεια	security
Αφίξεις	arrivals
Ενοικιάσεις Αυτοκινήτων	car hire
Παραλαβή Αποσκευών	luggage reclaim
Προσδεθείτε	fasten seatbelts

YOU MAY WANT TO SAY...

I want to ... my ticket.	Θέλω να ... το εισιτήριό μου.	thelo na ... to eeseeteereeo moo
change	αλλάξω	allakso
cancel	ακυρώσω	akeeroso
What time do I have to check in?	Τι ώρα πρέπει να έρθω για τον έλεγχο εισιτηρίων;	tee ora prepee na ertho ya ton elengho ton eeseeteereeon
Is there a delay?	Υπάρχει καθυστέρηση;	eeparhee katheestereesee
Which gate is it?	Τι έξοδος είναι;	tee eksodhos eene
Have you got a wheelchair?	Έχετε αναπηρική καρέκλα;	ehete anapeereekee karekla

- I don't want to put my camera through the machine.

  Δεν θέλω να περάσω τη μηχανή μου από το μηχάνημα.

  dhen thelo na peraso tee meehaneemoo apo to meehaneema

- You can hand search it.

  Μπορείτε να την ψάξετε.

  boreete na teen psaksete

- My luggage hasn't arrived.

  Οι αποσκευές μου δεν ήρθαν.

  ee aposkeves moo dhen eerthan

- Is there a ... to the centre of town?

  Υπάρχει ... για το κέντρο της πόλης;

  eeparhee ... ya to kendro tees polees

  bus   λεωφορείο   *leoforeeo*

  train   τρένο   *treno*

WORDS TO LISTEN OUT FOR...

Αναγγελία	*anangeleea*	call
Πτήση	*pteesee*	flight
Έξοδος	*eksodhos*	gate
Τελευταία αναγγελία	*teleftea anangeleea*	last call
Καθυστέρηση	*katheestereesee*	delay
Ματαιώθηκε/ Ακυρώθηκε	*mateotheeke/ akeerotheeke*	cancelled

* taxis
(see **directions**, page 36)

YOU MAY WANT TO SAY...

- Is there a taxi rank round here?

  Υπάρχει πιάτσα ταξί εδώ γύρω;

  eeparhee piatsa taksee edho yeero

- **Can you order me a taxi...** Μπορείτε να μου καλέσετε ένα ταξί... *boreete na moo kaleste ena taksee...*
  - **immediately?** αμέσως; *amesos*
  - **for tomorrow at 9 o'clock?** για αύριο στις εννιά; *ya avreeo stees ennia*

- **To this address, please.** Στη διεύθυνση αυτή, παρακαλώ. *stee dheeftheensee aftee parakalo*

- **How much will it cost?** Πόσο θα στοιχίσει; *poso tha steeheesee*

- **Can you put it on the meter, please?** Μπορείτε να βάλετε το ταξίμετρο, παρακαλώ; *boreete na valete to takseemetro parakalo*

- **I'm in a hurry.** Βιάζομαι. *viazome*

- **Stop here, please.** Σταματήστε εδώ, παρακαλώ. *stamateeste edho parakalo*

- **Can you wait for me, please?** Μπορείτε να με περιμένετε, παρακαλώ; *boreete na me pereemenete parakalo*

- **I think there's a mistake.** Νομίζω ότι έχει γίνει λάθος. *nomeezo otee ehee yeenee lathos*

- **On the meter it's fifteen euros.** Το ταξίμετρο δείχνει δεκαπέντε ευρώ. *to takseemetro dheehnee dhekapende evro*

- **Can you give me a receipt...** Μπορείτε να μου δώσετε μία απόδειξη... *boreete na moo dhosete meea apotheeksee...*
  - **for ten euros?** για δέκα ευρώ; *ya dheka evro*

YOU MAY HEAR...

Απέχει δέκα χιλιόμετρα.	*apehee dheka heeliometra*	It's ten kilometres away.
Θα σας κοστίσει γύρω στα πενήντα ευρώ.	*tha sas kosteesee yeero sta peneenda evro*	It'll cost about fifty euros.
Υπάρχει επιβάρυνση... για τις αποσκευές	*eeparhee epeevareensee... ya tees aposkeves*	There's a supplement... for the luggage

* hiring cars and bicycles

YOU MAY WANT TO SAY...

I'd like to hire...	Θέλω να νοικιάσω...	*thelo na neekiaso...*
two bicycles	δύο ποδήλατα	*theeo podheelata*
a small car	ένα μικρό αυτοκίνητο	*ena meekro aftokeeneeto*
an automatic car	ένα αυτόματο αυτοκίνητο	*ena aftomato aftokeeneeto*
For...	Για...	*ya...*
the day	μία μέρα	*meea mera*
a week	μία εβδομάδα	*meea evdhomadha*
two weeks	δύο εβδομάδες	*dheeo evdhomadhes*
Until...	Μέχρι...	*mehree...*
Friday	την Παρασκευή	*teen paraskevee*
the 17th August	τις δεκαεφτά Αυγούστου	*tees dhekaefta avgoostoo*

English	Greek	Pronunciation
How much is it...	Πόσο στοιχίζει...	poso steeheezee...
per day?	τη μέρα;	tee mera
per week?	την εβδομάδα;	teen evdhomadha
Is mileage (kilometrage) included?	Συμπεριλαμβάνονται τα χιλιόμετρα;	seembereelamva-nonte ta heeliometra
Is insurance included?	Συμπεριλαμβάνεται η ασφάλεια;	seembereelamvanete ee asfaleea
My partner (m/f) wants to drive too.	Θέλει και ο/η σύντροφός μου να οδηγήσει.	thelee ke o/ee seendrofos moo na odheeyeesee
Is there a deposit?	Θέλετε προκαταβολή;	thelete prokatavolee
Do you take...	Δέχεστε...	dheheste...
credit cards?	πιστωτικές κάρτες;	peestoteekes kartes
traveller's cheques?	ταξιδιωτικές επιταγές;	taksidhioteekes epeetayes
Can I leave the car...	Μπορώ ν' αφήσω το αυτοκίνητο...	boro nafeeso to aftokeeneeto...
at the airport?	στο αεροδρόμιο;	sto aerodhromeeo
in Athens?	στην Αθήνα;	steen atheena
How do the gears work?	Πώς δουλεύουν οι ταχύτητες;	pos dhooleevoon ee taheeteetes
Can you put the saddle down/up, please?	Μπορείτε να ανεβάσετε/κατεβάσετε τη σέλα παρακαλώ;	boreete na anevasete/katevasete tee sela parakalo

YOU MAY HEAR... ⑦

Για πόσο καιρό;	*ya poso kero*	For how long?
Την άδεια οδήγησής σας, παρακαλώ.	*teen adhia odheeyeesees sas parakalo*	Your driving licence, please.
Χρειάζεται προκαταβολή 100 ευρώ.	*Hreeazete prokatavolee 100 evro*	There's a deposit of 100 euros.
Έχετε πιστωτική κάρτα;	*ehete peestoteekee karta*	Have you got a credit card?
Παρακαλώ επιστρέψτε το αυτοκίνητο με γεμάτο ρεζερβουάρ.	*parakalo epeestrepste to aftokeeneeto me yemato rezervooar*	Please return the car with a full tank.
Παρακαλώ επιστρέψτε το ... πριν τις έξι.	*parakalo epeestrepste to ... preen tees eksee*	Please return the ... before six o'clock.
αυτοκίνητο	*aftokeeneeto*	car
ποδήλατο	*podheelato*	bicycle

✳ driving
(see **directions**, page 36)

YOU MAY SEE... 👁

Ανάψτε φώτα	use headlights
Ανώτατο όριο ταχύτητας	maximum speed limit
Απαγορεύεται η διέλευση	no through traffic
Απαγορεύεται η είσοδος	no entry
Απαγορεύεται το προσπέρασμα	no overtaking
Απαγορεύεται η στάθμευση	parking prohibited

travel and transport

Απαγορεύεται η Στάση	no stopping
Αργά	slow
Αυτοκινητόδρομος	motorway
Επιτρέψτε Πρόσβαση	allow free access
Διάβαση Πεζών	pedestrian crossing
Διέλευση Οχημάτων	through traffic
Διόδια	toll
Δώστε Προτεραιότητα	give way
Επικίνδυνη Στροφή	dangerous bend
Έξοδος	exit
Κέντρο Πόλης	town/city centre
Κίνδυνος	danger
Κλειστός Δρόμος	road closed
Κυκλοφορία Διπλής Κατευθύνσεως	two-way traffic
Μονόδρομος	one-way street
Μπείτε στη Λωρίδα	get in lane
Οδηγείτε Αριστερά	drive on the left
Οδηγείτε Δεξιά	drive on the right
Οδικά Έργα	road works
Οδική Εξυπηρέτηση	services
Όριο Ταχύτητας	speed limit
Παρακαμπτήριος	diversion
Πεζόδρομος	pedestrian precinct
Πεζοί	pedestrians
Πολύ Αργά	dead slow
Πρατήριο Βενζίνης	petrol station
Προσοχή/Προσέχετε	caution
Πρώτες Βοήθειες	first aid
Στοπ	stop

- **Where is the nearest petrol station?** | Πού είναι το κοντινότερο πρατήριο βενζίνης; | *poo eene to konteenotero prateereeo venzeenes*

- **Fill it up with ... please.** | Γεμίστε το με ... παρακαλώ. | *yemeeste to me ... parakalo*
  - unleaded | αμόλυβδη | *amoleevdhee*
  - diesel | ντήζελ | *deezel*

- **30 euros' worth of unleaded, please.** | Τριάντα ευρώ αμόλυβδη, παρακαλώ. | *treeanda evro amoleevdhee parakalo*

- **20 litres of super unleaded, please.** | Είκοσι λίτρα σούπερ αμόλυβδη, παρακαλώ. | *eekosee leetra sooper amoleevdhee parakalo*

- **A (litre) can of oil, please.** | Ένα (λίτρο) κουτί λαδιού, παρακαλώ. | *ena (leetro) kootee ladhioo parakalo*

- **Can you check the tyre pressure, please.** | Μπορείτε να ελέγξετε την πίεση στα λάστιχα, παρακαλώ; | *boreete na elenksete teen peesee sta lasteeha parakalo*

- **Can you change the tyre, please?** | Μπορείτε να αλλάξετε το λάστιχο, παρακαλώ; | *boreete na alaksete to lasteeho parakalo*

- **Where is the air, please?** | Πού έχει αέρα, παρακαλώ; | *poo ehee aera parakalo*

* mechanical problems

- **My car has broken down.** | Χάλασε το αυτοκίνητό μου. | *halase to aftokeeneeto moo*

travel and transport

53

mechanical problems

I've run out of petrol.	Έμεινα από βενζίνη.	*emeena apo venzeenee*
I have a puncture.	Μου τρύπησε το λάστιχο.	*moo treepeese to lasteeho*
Can you telephone a garage?	Μπορείτε να τηλεφωνήσετε σ' ένα γκαράζ;	*boreete na teelefoneesete sena garaz*
Do you do repairs?	Κάνετε επισκευές;	*kanete epeeskeves*
I don't know what's wrong.	Δεν ξέρω τι συμβαίνει.	*dhen ksero tee seemvenee*
I think it's... the clutch	Νομίζω ότι είναι... το αμπραγιάζ	*nomeezo otee eene... to ambrayazj*
Is it serious?	Είναι κάτι σοβαρό;	*eene katee sovaro*
Can you repair it today?	Μπορείτε να το επισκευάσετε σήμερα;	*boreete na to episkevasete seemera*
When will it be ready?	Πότε θα είναι έτοιμο;	*pote tha eene eteemo*
How much will it cost?	Πόσο θα στοιχίσει;	*poso tha steeheesee*

YOU MAY HEAR...

| Θα είναι έτοιμο... σε μία ώρα τη Δευτέρα | *tha eene eteemo... se meea ora tee dheftera* | It'll be ready... in an hour on Monday |
| Θα στοιχίσει εκατό ευρώ. | *tha steeheesee ekato evro* | It'll cost a hundred euros. |

54

* car parts

accelerator	επιταχυντής/γκάζι	*epeetaheentees/ gazee*
alternator	πολλαπλασιαστής	*polaplaseeastees*
back tyre	πίσω λάστιχο	*peeso lasteeho*
battery	μπαταρία	*batareea*
bonnet	καπό	*kapo*
boot	πορτ μπαγκάζ	*port bagaz*
brakes	φρένα	*frena*
carburettor	καρμπυρατέρ	*karmbeerater*
distributor	διανομέας	*dheeanomeas*
engine	μηχανή	*meehanee*
exhaust pipe	εξάτμιση	*eksatmeesee*
fanbelt	λουρί του βεντιλατέρ	*looree too venteelater*
front tyre	μπροστινό λάστιχο	*brosteeno lasteeho*
fuel pump	αντλία βενζίνης	*andleea venzeenes*
gears	ταχύτητες	*taheeteetes*
gearbox	κιβώτιο ταχυτήτων	*keevotio taheeteeton*
hazard lights	φώτα ομίχλης	*fota omeehlees*
headlights	μπροστινά φώτα	*brosteena fota*
ignition	ανάφλεξη	*anafleksee*
indicators	φλας	*flas*
points	πλατίνες	*plateenes*
radiator	ψυγείο	*pseeyeeo*
rear lights	φώτα πορείας	*fota poreeas*
reversing lights	φώτα του όπισθεν	*fota too opeesthen*
side lights	πλευρικά φώτα	*plevreeka fota*
spare wheel	ρεζέρβα	*rezerva*

travel and transport

55

spark plugs	μπουζιά	*boozia*
starter motor	μίζα	*meeza*
steering wheel	τιμόνι	*teemonee*
window	παράθυρο	*paratheero*
windscreen	παρμπρίζ	*parmbreez*
windscreen wipers	υαλοκαθαριστήρες	*eealokathareesteeres*

* bicycle parts

back light	Το πίσω φως	*to peeso fos*
chain	Αλυσίδα	*aleeseedha*
frame	Σασί	*sasee*
front light	Το μπροστινό φως	*to mbrosteeno fos*
gears	Ταχύτητες	*taheeteetes*
handlebars	Τιμόνι	*teemonee*
inner tube	Σαμπρέλα	*sambrela*
pump	Τρόμπα	*tromba*
saddle	Σέλα	*sela*
spokes	Ακτίνες	*akteenes*
tyre	Λάστιχο	*lasteeho*
valve	Βαλβίδα	*valveedha*
wheel	Τροχός/Ρόδα	*trohos/rodha*
wheel rim	Ζάντα	*zanda*

accommodation

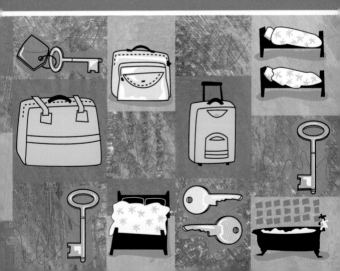

● Accommodation prices in Greece are approved by the Greek National Tourist Office, and include all taxes. You may be asked to pay extra (depending on the category of hotel) for air-conditioning, mini-fridge or safety-deposit box.

YOU MAY SEE...

Ανδρών	gentlemen's toilet
Απαγορεύεται το κάμπινγκ	no camping
Γυναικών	ladies' toilet
Είσοδος	entrance
Κενά δωμάτια	vacant rooms
Ενοικιαζόμενα δωμάτια	rooms to rent
Έξοδος	exit
Έξοδος κινδύνου	fire exit
Κάμπινγκ	camping
Μην ανάβετε φωτιές	do not light fires
Μη ρίχνετε σκουπίδια	do not dumb rubbish
Ξενοδοχείο	hotel
Ξενοδοχείο Πολυτελείας	luxury hotel
Ξενώνας νέων	youth hostel
Πανσιόν	guest house
Πάρκινγκ	parking
Είμαστε γεμάτοι	no vacancies
Πόσιμο νερό	drinking water
Πρώτος όροφος	first floor
Ρεσεψιόν	reception
Τουαλέτες	toilets
Χτυπήστε το κουδούνι	ring the bell

✳ booking in advance
(see **telephones**, page 124)

(see **telephones**, page 124)

YOU MAY WANT TO SAY...

Do you have...	Έχετε...	*ehete...*
a single room?	ένα μονόκλινο;	*ena monokleeno*
a double room?	ένα δίκλινο;	*ena dheekleeno*
a family room? *(three/four-bed room)*	ένα τρίκλινο/ τετράκλινο;	*ena treekleeno/ tetrakleeno*
a twin-bedded room?	ένα δωμάτιο με δύο κρεβάτια;	*ena dhomateeo me dheeo krevatia*
space for a tent?	χώρο για μία σκηνή;	*horo ya meea skeenee*
space for a caravan?	χώρο για ένα τροχόσπιτο;	*horo ya ena trohospeeto*
I'd like to rent...	Θα ήθελα να νοικιάσω...	*tha eethela na neekiaso...*
an apartment	ένα διαμέρισμα	*ena dheeamerisma*
your holiday home	το εξοχικό σας	*to eksoheeko sas*
For...	Για...	*ya...*
tonight	απόψε	*apopse*
one night	μία νύχτα	*meea neehta*
two nights	δύο νύχτες	*dheeo neehtes*
a week	μία εβδομάδα	*meea evdhomadha*
From ... to ...	Από ... μέχρι...	*apo ... mehree ...*
With...	Με...	*me...*
bath	μπάνιο	*banio*
shower	ντους	*doos*

accommodation

It's a two-person tent.	Η σκηνή είναι για δύο άτομα.	ee skeenee eene ya dheeo atoma
How much is it...	Πόσο κάνει...	poso kanee...
per night?	τη νύχτα;	tee neehta
per week?	την εβδομάδα;	teen evdhomadha
Is breakfast included?	Η τιμή είναι με πρωινό;	ee teemee eene me proeeno
Is there...	Έχει...	ehee...
a reduction for children?	έκπτωση για παιδιά;	ekptosee ya pedhia
a single room supplement?	επιβάρυνση για μονόκλινο;	epeevareensee ya monokleeno
wheelchair access?	πρόσβαση για άτομα με αναπηρίες;	prosvasee ya atoma me anapeerees
Do you have...	Έχετε...	ehete...
anything cheaper?	τίποτα φτηνότερο;	teepota fteenotero
a website?	ιστοσελίδα;	eestoseleedha
Can I pay by...	Μπορώ να πληρώσω με...	boro na pleeroso me...
credit card?	πιστωτική κάρτα;	peestoteekee karta
traveller's cheque?	ταξιδιωτική επιταγή;	taxeedhioteekee epeetayee
Can I book online?	Μπορώ να κλείσω μέσω του διαδικτύου;	boro na kleeso meso too dheeadheekteeoo
What's the address?	Ποια είναι η διεύθυνση;	pia eene ee dheeftheensee

- **What's your email address?** Ποια είναι η ηλεκτρονική σας διεύθυνση; *pia eene ee eelektroneekee sas dheeftheensee*

- **How do I find you?** Πώς θα σας βρω; *pos tha sas vro*

- **Can you recommend anywhere else?** Μπορείτε να μας συστήσετε κάπου αλλού; *boreete na mas seesteesete kapoo aloo*

YOU MAY HEAR...

- Πώς μπορώ να σας βοηθήσω; *pos boro na sas voeetheeso* — **Can I help you?**

- Για πόσες νύχτες; *ya poses neehtes* — **For how many nights?**

- Για πόσα άτομα; *ya posa atoma* — **For how many people?**

- Μονόκλινο ή δίκλινο; *monokleeno ee dheekleeno* — **Single or double room?**

- Θέλετε διπλό κρεβάτι; *thelete dheeplo krevatee* — **Do you want a double bed?**

- Με... *me...* — **With...**
    - μπάνιο; *banio* — bath?
    - ντους; *doos* — shower?

- Τι μέγεθος είναι η σκηνή; *tee megethos eene ee skeenee* — **What size is the tent?**

- Λυπάμαι, είμαστε γεμάτοι *leepame eemaste yematee* — **I'm sorry, we're full.**

accommodation

61

✻ checking in

I have a reservation for...	Έχω κάνει κράτηση για...	eho kanee krateesee ya...
tonight	απόψε	apopse
two nights	δύο νύχτες	dheeo neehtes
a week	μία εβδομάδα	meea evdhomadha
It's in the name of... (m/f)	Είναι στο όνομά...	eene sto onoma...
Here's my passport.	Ορίστε, το διαβατήριό μου.	oreeste, to dhiavateereeo moo
I'm paying by credit card.	Θα πληρώσω με πιστωτική κάρτα.	tha pleeroso me peestoteekee karta

Έχετε κρατήσει...	ehete krateesee...	Have you reserved...
δωμάτιο;	dhomateeo	a room?
θέση;	thesee	a space?
Για πόσες νύχτες;	ya poses neehtes	For how many nights?
Πώς σας λένε;	pos sas lene	What's your name?
Μπορώ να έχω το διαβατήριό σας, παρακαλώ;	boro na eho to dheeavateereeo sas parakalo	Can I have your passport, please?

accommodation

REGISTRATION CARD INFORMATION

Όνομα	first name
Επώνυμο	surname
Διεύθυνση κατοικίας/Οδός/ Αριθμός	home address/ street/number
Ταχυδρομικός κώδικας	postcode
Εθνικότητα	nationality
Επάγγελμα	occupation
Ημερομηνία γέννησης	date of birth
Τόπος γέννησης	place of birth
Αριθμός διαβατηρίου	passport number
Τόπος προέλευσης...	coming from...
Τόπος προορισμού...	going to...
Εκδόθηκε	issued at
Ημερομηνία	date
Υπογραφή	signature

✳ hotels, B&Bs and hostels

● Hotels in Greece are graded (L) for luxury, or from A (five-star) to E (one-star). Ratings depend on the room size, facilities and services provided. If you need a room, look out for this sign: ΕΝΟΙΚΙΑΖΟΝΤΑΙ ΔΩΜΑΤΙΑ (rooms for rent). Youth hostels can be found in mainland cities and on more popular islands. Campsites exist in Greece, although standards vary widely. Although prices are fixed, you may be able to negotiate on rates if you are staying more than a few days.

accommodation

63

- **Where can I park?** Πού μπορώ να παρκάρω; poo boro na parkaro

- **Can I see the room, please?** Μπορώ να δω το δωμάτιο, παρακαλώ; boro na dho to dhomateeo parakalo

- **Do you have...** Έχετε... ehete...
  - **a room with a view?** δωμάτιο με θέα; dhomateeo me thea
  - **a bigger room?** μεγαλύτερο δωμάτιο; megaleetero dhomateeo
  - **a cot for the baby?** κρεβατάκι για το μωρό; krevatakee ya to moro

- **Is breakfast included?** Η τιμή είναι με πρωινό; ee teemee eene me proeeno

- **What time...** Τι ώρα... tee ora...
  - **is breakfast?** σερβίρετε πρωινό; serveerete proeeno
  - **do you lock the front door?** κλειδώνετε την πόρτα της εισόδου; kleedhonete teen porta tees eesodhoo

- **Where is ...** Πού είναι... poo eene...
  - **the dining room?** η τραπεζαρία; ee trapezareea
  - **the bar?** το μπαρ; to bar

- **Is there...** Έχετε... ehete...
  - **24-hour room service?** υπηρεσία δωματίων όλη τη μέρα; eepeereseea dhomateeon olee tee mera
  - **an internet connection here?** σύνδεση με το διαδίκτυο εδώ; seendhesee me to dheeadheekteeo edho
  - **a business centre here?** επιχειρησιακό κέντρο εδώ; epeeheereeseeako kendro edho

accommodation

Ορίστε, ένα εισιτήριο για το πάρκινγκ.	or**ee**ste ena eeseet**ee**reeo ya to parking	There's a token for the car park.
Η τιμή (δεν) είναι με πρωινό.	e teem**ee** (dhen) eene me proe**ee**no	Breakfast is (not) included.
Το πρωινό σερβίρεται από ... μέχρι...	to proe**ee**no serv**ee**rete ap**o** ... mehr**ee** ...	Breakfast is from ... to ...
Η πόρτα εισόδου κλείνει στις...	ee p**o**rta ees**o**dhoo kl**ee**nee stees...	We shut the front door at...
Υπάρχει υπηρεσία δωματίων από ... μέχρι...	eep**a**rhee eeperes**ee**a dhomat**ee**on ap**o** ... mehr**ee**...	There's room service from ... to...

✱ camping and caravanning
(see **directions**, page 36)

Is there a ... round here?	Υπάρχει ... εδώ γύρω;	eep**a**rhee ... edho y**ee**ro
campsite	κάμπινγκ	camping
caravan site	κάμπινγκ για τροχόσπιτα	camping ya trohosp**ee**ta
Can we camp here?	Μπορούμε να κατασκηνώσουμε εδώ;	bor**oo**me na kataskeen**o**soome edho
Can we park our caravan here?	Μπορούμε να παρκάρουμε το τροχόσπιτό μας εδώ;	bor**oo**me na park**a**roome to trohosp**ee**to mas edho

accommodation

65

- It's a two/four person tent. | Η σκηνή είναι για δύο/ τέσσερα άτομα. | *ee skeenee eene ya dheeo/tesera atoma*

- Where are... | Πού είναι... | *poo eene...*
  the toilets? | οι τουαλέτες; | *ee tooaletes*
  the showers? | τα ντους; | *ta doos*
  the dustbins? | οι σκουπιδο- τενεκέδες; | *ee skoopee- dhotenekedhes*

- Do we pay extra for the showers? | Πληρώνουμε επιπλέον για τα ντους; | *pleeronoome epeepleon ya ta doos*

- Is the water OK for drinking? | Το νερό είναι πόσιμο; | *to nero eene poseemo*

- Where's the electricity? | Πού είναι η παροχή ηλεκτρικού; | *poo eene ee parohee eelektreekoo*

* requests and queries

- Are there any messages for me? | Υπάρχει κανένα μήνυμα για μένα; | *eeparhee kanena meeneema ya mena*

- Is there a fax for me? | Ήρθε κανένα φαξ για μένα; | *eerthe kanena fax ya mena*

- I'm expecting... | Περιμένω... | *pereemeno...*
  a phone call | ένα τηλεφώνημα | *ena teelefoneema*
  a fax | ένα φαξ | *ena fax*

- Can I leave this in the safe? | Μπορώ να αφήσω αυτό στο χρηματοκιβώτιο; | *boro na afeeso afto sto hreemato- keevoteeo*

| Can I charge this to my room? | Μπορώ να το βάλω στο λογαριασμό του δωματίου μου; | *boro na to valo sto logariasmo too dhomateeoo moo* |

Can you...	Μπορείτε να...	*boreete na...*
give me my things from the safe?	μου δώσετε τα πράγματά μου από το χρηματοκιβώτιο;	*moo dhosete ta pragmata moo apo to hreematokeevoteeo*
wake me up at eight o'clock?	με ξυπνήσετε στις οχτώ;	*me kseepneesete stees ohto*
order me a taxi?	καλέσετε ένα ταξί;	*kalesete ena taxee*

| Do you have... | Έχετε... | *ehete...* |
| a babysitter? | μπέιμπι σίτερ; | *babysitter* |

I need...	Χρειάζομαι...	*hreeazome...*
another pillow	άλλο ένα μαξιλάρι	*alo ena maxeelaree*
an adaptor	ένα μετασχηματιστή	*ena metasheemateestee*
a new key	καινούργιο κλειδί	*kenooryio kleedhee*

| I've lost my key. | Έχασα το κλειδί μου. | *ehasa to kleedhee moo* |

| I've left the key in the room. | Άφησα το κλειδί στο δωμάτιό μου. | *afeesa to kleedhee sto dhomateeo moo* |

YOU MAY HEAR...

| Έχετε μήνυμα/φαξ. | *ehete meeneema/fax* | There's a message/fax for you. |
| Όχι, δεν υπάρχει κανένα μήνυμα για σας. | *ohee dhen eeparhee kanena meeneema ya sas* | No, there are no messages for you. |

accommodation

67

problems and complaints

Χρειάζεστε αφύπνιση;	*hreeazeste afeepneesee*	Do you want a wake-up call?
Τι ώρα;	*tee ora*	(For) what time?
Πότε θέλετε τη μπέιμπι-σίτερ;	*pote thelete tee baby sitter*	When do you want a babysitter?
Είναι ... ευρώ το λεπτό.	*eene ... evro to lepto*	It's ... euros per minute.
Θα στείλω κάποιον να σας ανοίξει.	*tha steelo kapion na sas aneexee*	I'll get someone to let you in.
Ένα λεπτό, παρακαλώ.	*ena lepto parakalo*	Just a moment, please.

✳ problems and complaints

Excuse me...	Συγνώμη...	*seegnomee...*
The room is...	Το δωμάτιο είναι...	*to dhomateo eene...*
too hot	πολύ ζεστό	*polee zesto*
too cold	πολύ κρύο	*polee kreeo*
too small	πολύ μικρό	*polee meekro*
There isn't any...	Δεν υπάρχει καθόλου...	*dhen eeparhee katholoo...*
toilet paper	χαρτί τουαλέτας	*hartee tooaletas*
hot water	ζεστό νερό	*zesto nero*
electricity	ηλεκτρικό/ρεύμα	*eelektreeko/revma*
There aren't any...	Δεν υπάρχουν...	*dhen eeparhoon...*
towels	πετσέτες	*petsetes*

accommodation

68

problems and complaints

- I can't...
  open the window
  turn the tap off

  Δεν μπορώ να...
  ανοίξω το παράθυρο
  κλείσω τη βρύση

  dhen boro na...
  aneekso to paratheero
  kleeso tee vreesee

- I don't know how the TV works.

  Δεν ξέρω πώς δουλεύει η τηλεόραση.

  dhen ksero pos dhoolevee ee teeleorasee

- The bed is uncomfortable.

  Το κρεβάτι είναι άβολο.

  to krevatee eene avolo

- The bathroom is dirty.

  Το μπάνιο είναι βρώμικο.

  to banio eene vromeeko

- The toilets are dirty.

  Οι τουαλέτες είναι βρώμικες.

  ee tooaletes eene vromeekes

- The toilet doesn't flush.

  Το καζανάκι δε δουλεύει.

  to kazanakee dhe dhoolevee

- The drain is blocked.

  Ο σωλήνας έχει βουλώσει.

  o soleenas ehee voolosee

- It's very noisy.

  Έχει πολύ θόρυβο.

  ehee polee thoreevo

- The ... doesn't work.
  light
  key
  oven

  Δε δουλεύει...
  το φως
  το κλειδί
  ο φούρνος

  dhe dhoolevee...
  to fos
  to kleedhee
  o foornos

- The ... is broken.
  shower
  TV remote

  Το ... είναι χαλασμένο.
  ντους
  τηλεκοντρόλ

  to ... eene halasmeno
  doos
  teelekontrol

- There's a smell of gas.

  Μυρίζει γκάζι.

  meereezee gazee

The washing machine is leaking.	Το πλυντήριο βγάζει νερά.	*to pleendeereeo vgazee nera*
I want to see the manager!	Θέλω να δω τον υπεύθυνο!	*thelo na dho ton eepeftheeno*

* checking out

The bill, please.	Το λογαριασμό, παρακαλώ.	*to logariasmo parakalo*
I'd like to... check out stay another night	Θα ήθελα να... αναχωρήσω μείνω άλλη μία νύχτα	*tha eethela na... anahoreeso meeno alee meea neehta*
What time is check out?	Τι ώρα είναι η αναχώρηση;	*tee ora eene ee anahoreesee*
Can I... have a late check out? leave my bags here?	Μπορώ να... αναχωρήσω αργότερα; αφήσω τα πράγματά μου εδώ;	*boro na... anahoreeso argotera afeeso ta pragmata moo edho*
How much extra to stay till five o'clock?	Πόσο είναι επιπλέον για να μείνω μέχρι τις πέντε;	*poso eene epeepleon ya na meeno mehree tees pende*
There's a mistake in the bill.	Ο λογαριασμός είναι λάθος.	*o logariasmos eene lathos*
I/We've had a great time here.	Πέρασα/Περάσαμε θαυμάσια εδώ.	*perasa/perasame thavmaseea edho*

YOU MAY HEAR...

Η αναχώρηση είναι στις...	*ee anahoreesee eene stees...*	Check out is at...
Πόσες αποσκευές έχετε;	*poses aposkeves ehete*	How many bags do you have?
Αφήστε τες εδώ.	*afeeste tes edho*	Leave them here.
Θα τις τακτοποιήσει το γκρουμ.	*tha tees taktopeesee to groom*	The porter will put them away.
Θα το ελέγξω.	*tha to elenkso*	Let me check it.
Ελπίζουμε να ξανάρθετε!	*elpeezoome na ksanarthete*	Come again!

* self-catering/second homes
(see **problems and complaints**, page 68)

YOU MAY WANT TO SAY...

I've rented... a villa an apartment	Έχω νοικιάσει... μία βίλα ένα διαμέρισμα	*eho neekiasee...* *meea veela* *ena dheeamereesma*
My name is...	Το όνομά μου είναι...	*to onoma moo eene...*
We're in number...	Μένουμε στον αριθμό...	*menoome ston areethmo*
Where is the fusebox?	Πού είναι ο ηλεκτρικός πίνακας;	*poo eene o eelektreekos peenakas*
How does the hot water work?	Πώς δουλεύει ο θερμοσίφωνας;	*pos dhoolevee o thermoseefonas*

accommodation

self-catering/second homes

- Is there air-conditioning? — Υπάρχει κλιματισμός; — *eeparhee kleemateesmos*

- Are there... — Υπάρχουν... — *eeparhoon...*
  - more blankets? — άλλες κουβέρτες; — *ales koovertes*
  - any shops round here? — καθόλου μαγαζιά εδώ γύρω; — *katholoo magazia edho yeero*

- When do they collect the rubbish? — Πότε μαζεύουν τα σκουπίδια; — *pote mazevoon ta skoopeedhia*

- When does the cleaner come? — Πότε έρχεται καθαρίστρια; — *pote ehee kathareestreea*

- I need... — Χρειάζομαι... — *hreeazome...*
  - a plumber — έναν υδραυλικό — *enan eedhravleeko*
  - help — βοήθεια — *voeetheea*

- How can I contact you? — Πώς μπορώ να έρθω σε επαφή μαζί σας; — *pos boro na ertho se epafee mazee sas*

- What shall we do with the key when we leave? — Τι να κάνουμε με το κλειδί όταν είναι να φύγουμε; — *tee na kanoome me to kleedhee otan eene na feegoome*

YOU MAY HEAR...

- Δουλεύει έτσι. — *dhoolevee etsee* — It works like this.

- Υπάρχουν κι άλλες κουβέρτες στο ντουλάπι. — *eeparhoon kiales koovertes sto doolapee* — There are spare blankets in the cupboard.

- Το τηλέφωνό μου είναι... — *to teelefono moo eene...* — My telephone number is...

accommodation

72

food&drink

● Meal times in Greece are generally later than in Britain, although restaurants in tourist areas may open earlier. Lunch is usually around 2pm, while dinner might start any time from 9.30-10.30pm. Greek people rarely drink alcohol without food.

YOU MAY SEE...

αναψυκτήριο(v)	refreshments bar
αυτοεξυπηρέτηση	self-service
δεχόμαστε πιστωτικές κάρτες	we accept credit cards
εστιατόριο	restaurant
ζαχαροπλαστείο	patisserie
καφενείο(v)	coffee bar
καφετέρια	café
κρεπερί	creperie
μεζεδοπωλείο	Greek tapas bar
μπαρ	bar
μπυραρία	beer bar
ουζερί	ouzo bar
παγωτά	ice-creams
πιτσαρία	pizzeria
σελφ-σέρβις	self-service
σνακ μπαρ	snack bar
ταβέρνα	taverna
τουαλέτες	toilets
φαγητό σε πακέτο	take-away food
χασαποταβέρνα	meat taverna
ψαροταβέρνα	fish taverna

* making bookings
(see **time phrases**, page 16)

(see **time phrases**, page 16)

YOU MAY WANT TO SAY...

- I'd like to reserve a table for...

  Θέλω να κλείσω ένα τραπέζι για...

  thelo na kleeso ena trapezee ya...

  - two people

    δύο άτομα

    dheeo atoma

  - tomorrow evening at half past eight

    αύριο το βράδυ στις οχτώ και μισή

    avreeo to vradhee stees ohto ke meesee

  - this evening at seven o'clock

    απόψε στις εφτά

    apopse stees efta

- My name is...

  Το όνομά μου είναι...

  to onoma moo eene...

- My telephone number is...

  Το τηλέφωνό μου είναι...

  to teelephono moo eene...

YOU MAY HEAR...

Για πότε θέλετε το τραπέζι;	*ya pote thelete to trapezee*	When would you like the table for?
Τι ώρα θέλετε το τραπέζι;	*ti ora thelete to trapezee*	What time would you like the table for?
Για πόσα άτομα;	*ya posa atoma*	How many for?
Το όνομά σας;	*to onoma sas*	What's your name?
Το τηλέφωνό σας;	*to teelefono sas*	What's your contact number?
Λυπάμαι, είμαστε γεμάτοι.	*leepame, eemaste yematee*	I'm sorry, we're fully booked.

food and drink

✳ at the restaurant

YOU MAY WANT TO SAY...

- I've booked a table.

  Έχω κλείσει ένα τραπέζι.

  eho kleesee ena trapezee

- My name is...

  Το όνομά μου είναι...

  to onoma moo eene...

- We haven't booked.

  Δεν έχουμε κλείσει τραπέζι.

  dhen ehoome kleesee trapezee

- Have you got a table for four?

  Έχετε τραπέζι για τέσσερις, παρακαλώ;

  ehete trapezee ya teserees parakalo

- Have you got a high chair?

  Έχετε τραπεζάκι-καρεκλίτσα για το μωρό;

  ehete trapezakee-karekleetsa ya to moro

- How long's the wait?

  Πόση ώρα θα περιμένουμε;

  posee ora tha pereemenoome

- Can we wait at the bar?

  Μπορούμε να περιμένουμε στο μπαρ;

  boroome na pereemenoome sto bar

- Do you take credit cards?

  Δέχεστε πιστωτικές κάρτες;

  dheheste peestoteekes kartes

YOU MAY HEAR...

Έχετε κλείσει τραπέζι;	*ehete kleesee trapezee*	Have you got a reservation?
Καπνίζοντες ή μη καπνίζοντες;	*kapneezontes ee mee kapneezontes*	Smoking or non-smoking?
Λυπάμαι, είμαστε γεμάτοι.	*leepame eemaste yematee*	I'm sorry, we're full.

food and drink

| Θέλετε να περιμένετε; | *thelete na pereemenete* | Would you like to wait? |

✳ ordering your food

Excuse me!	Συγνώμη!	*seegnomee*
The menu, please.	Τον κατάλογο, παρακαλώ.	*ton katalogo parakalo*
Do you have... a kids' menu? vegetarian food? an à la carte menu?	Έχετε.... παιδικό με νού; πιάτα για χορτοφάγους; τον κατάλογο;	*ehete...* *pedheeko menoo* *piata ya hortofagoos* *ton katalogo*
Is it self-service?	Είναι σελφ σέρβις;	*eene self-servis*
We're ready to order.	Είμαστε έτοιμοι να παραγγείλουμε.	*eemaste eteemee na parangeeloome*
I'd like ... for starters for main course for dessert	Θα ήθελα ... για ορεκτικά για κύριο πιάτο για επιδόρπιο	*tha eethela ...* *ya orektika* *ya keereeo piato* *ya epidhorpio*
I'd like ... followed by...	Θα ήθελα ... και μετά...	*tha eethela ... ke meta...*
Does that come with vegetables?	Αυτό σερβίρεται με λαχανικά;	*afto serveerete me lahanika*
What's this, please?	Τι είναι αυτό, παρακαλώ;	*tee eene afto parakalo*

food and drink

- **What are your specials today?** Τι πιάτα τις ημέρας έχετε; *tee piata tees eemeras ehete*

- **What's the local speciality?** Ποια είναι η τοπική σπεσιαλιτέ; *pia eene ee topeekee specialeete*

- **I'll have the same as him/her/ them.** Θα πάρω το ίδιο με αυτόν/αυτήν/ αυτούς. *tha paro to eedhio me afton/afteen/ aftoos*

- **I'd like it ... please.** Το θέλω ... παρακαλώ *to thelo ... parakalo*
  rare σενιάν senian
  medium μισοψημένο meesopseemeno
  well done καλοψημένο kalopseemeno

- **Excuse me, I've changed my mind.** Συγνώμη, άλλαξα γνώμη. *seegnomee alaksa gnomee*

YOU MAY HEAR...

- Έχετε αποφασίσει; *ehete apofaseesee* Have you decided?

- Συστήνουμε.../ Προτείνουμε... *seesteenoume.../ proteenoome...* We recommend...

- Λυπάμαι, έχει τελειώσει. *leepame ehee teleeosee* I'm sorry, that's finished.

- Τίποτ' άλλο; *teepotalo* Anything else?

- Πώς το θέλετε ψημένο; *pos to thelete pseemeno* How would you like it cooked?

* ordering your drinks

Can I see the wine list?	Μπορώ να δω τον κατάλογο των κρασιών;	*boro na dho ton katalogo ton krasion*
A bottle of this, please.	Ένα μπουκάλι από αυτό, παρακαλώ.	*ena bookalee apo afto parakalo*
Half a litre of this, please.	Μισό λίτρο από αυτό, παρακαλώ.	*meeso leetro apo afto parakalo*
A glass of the ... please.	Ένα ποτήρι από το ... παρακαλώ.	*ena poteeree apo to ... parakalo*
We'll have the ... please.	Θα πάρουμε το δικό σας ... παρακαλώ.	*tha paroome to dheeko sas ... parakalo*
house red	κόκκινο	*kokeeno*
house white	λευκό	*lefko*
What beers do you have, please?	Τι μπύρες έχετε, παρακαλώ;	*tee beeres ehete parakalo*
What's the local wine?	Ποιο είναι το τοπικό κρασί;	*pio eene to topeeko krasee*
Is that a bottle or from the barrel?	Είναι εμφιαλωμένο ή χύμα;	*eene emfeealomeno ee heema*
I'll have...	Θα πάρω...	*tha paro...*
a gin and tonic	ένα τζιν και τόνικ	*ena tzeen ke toneek*
a whisky	ένα ουίσκυ	*ena ooeeskee*
Do you have any liqueurs?	Έχετε λικέρ;	*ehete leeker*
A bottle of mineral water.	Ένα μπουκάλι μεταλλικό νερό.	*ena bookalee metaleeko nero*

food and drink

What soft drinks do you have?	Τι αναψυκτικά έχετε;	*tee anapseekteeka ehete*

YOU MAY HEAR...

Πάγο και λεμόνι;	*pago ke lemonee*	Ice and lemon?
Ουίσκυ με πάγο;	*ooeeskee me pago*	Whisky on the rocks?
Νερό με ανθρακικό ή χωρίς ανθρακικό;	*nero me anthrakeeko ee horees anthrakeeko*	Sparkling or still water?
Μεγάλο ή μικρό μπουκάλι;	*megalo ee meekro boukalee*	A large or small bottle?

* bars and cafés

YOU MAY WANT TO SAY...

I'll have ... please.	Θα πάρω...	*tha paro...*
a coffee	Έναν καφέ	*enan kafe*
a white coffee	Έναν καφέ με γάλα	*enan kafe me gala*
a black coffee	Ένα σκέτο	*ena sketo*
a cup of tea	Ένα τσάι	*ena tsaee*
with milk	Με γάλα	*me gala*
with lemon	Με λεμόνι	*me lemonee*
A ... tea, please.	Ένα τσάι ... παρακαλώ.	*ena tsaee ... parakalo*
fruit	με γεύση φρούτων	*me yefsee frooton*
herbal	από βότανα	*apo votana*

● A glass of...	Ένα ποτήρι...	*ena poteeree...*
tap water	νερό από τη βρύση	*nero apo tee vreesee*
wine	κρασί	*krasee*
apple juice	χυμό μήλο	*heemo meelo*
● No ice, thanks.	Χωρίς πάγο, ευχαριστώ.	*horees pago efhareesto*
● A bottle of water.	Ένα μπουκάλι νερό.	*ena bookalee nero*
● What kind of ... do you have?	Τι ... έχετε;	*tee ... ehete*
● What sandwiches do you have?	Τι σάντουιτς έχετε;	*tee santooeets ehete*
● Is there any...	Έχετε καθόλου...	*ehete katholoo...*
ketchup?	κέτσαπ;	*ketsap*
salt and pepper?	αλάτι και πιπέρι;	*alatee ke peeperee*
● How much is that?	Πόσο κάνει αυτό;	*poso kanee afto*

YOU MAY HEAR...

● Τι να σας φέρω;	*tee na sas fero*	What can I get you?
● Μικρή ή μεγάλη;	*meekree ee megalee*	Large or small? (beer)
● Μικρό ή μεγάλο;	*meekro ee megalo*	Large or small? (wine)
● Με πάγο;	*me pago*	With ice?

food and drink

✳ comments and requests

YOU MAY WANT TO SAY...

- **This is delicious!** — Είναι νοστιμότατο! — *eene nosteemotato*

- **Could I have some more ... please?** — Φέρτε μου κι άλλο ... παρακαλώ; — *ferte moo kialo ... parakalo*
  - bread — ψωμί — *psomee*
  - water — νερό — *nero*

- **Could you bring another ... please?** — Φέρτε μου άλλο ένα ... παρακαλώ; — *ferte moo alo ena ... parakalo*
  - bottle of wine — μπουκάλι κρασί — *bookalee krasee*
  - glass — ποτήρι — *poteeree*

- **I can't eat another thing!** — Δεν μπορώ να φάω τίποτ' άλλο! — *dhen boro na fao teepotalo*

YOU MAY HEAR...

- Όλα εντάξει; — *ola entaksee* — **Is everything all right?**

- Σας αρέσει το φαγητό; — *sas aresee to fayeeto* — **Are you enjoying your meal?**

✳ special requirements

YOU MAY WANT TO SAY...

- **I am...** — Είμαι... — *eeme...*
  - **diabetic** (m/f) — διαβητικός/ διαβητική — *dheeaveetikos/ dheeaveetikee*

food and drink

- I'm allergic (m/f) to...
  Είμαι αλλεργικός/ αλλεργική...
  eeme aleryeekos/ alleryeekee...

  nuts
  στους ξηρούς καρπούς
  stoos kseeroos karpoos

  cow's milk
  στο αγελαδινό γάλα
  sto ayeladheeno gala

- I am vegetarian.
  Είμαι χορτοφάγος.
  eeme hortofagos

- We are vegan.
  Είμαστε χορτοφάγοι.
  eemaste hortofagee

- I can't eat...
  Δεν κάνει να φάω...
  dhen kanee na fao...

- He/She can't eat...
  Δεν κάνει να φάει...
  dhen kanee na faee...

  dairy products
  γαλακτομικά
  galaktomeeka

  wheat products
  προϊόντα σίτου
  proeeonta seetoo

- Do you have anything without (meat)?
  Έχετε τίποτα χωρίς (κρέας);
  ehete teepota horees (kreas)

- Is that cooked with (butter)?
  Είναι μαγειρεμένο με (βούτυρο);
  eene mayeeremeno me vootyro

- Does that have (nuts) in?
  Περιέχει (ξηρούς καρπούς);
  periehee (kseeroos karpoos)

YOU MAY HEAR...

- Θα ρωτήσω το σεφ.
  tha roteeso to sef
  I'll check with the kitchen.

- Όλα τα φαγητά είναι μαγειρεμένα με λάδι.
  ola ta fayeeta eene mayeeremena me ladhee
  It's all got (olive oil) in.

* problems and complaints

Excuse me.	Συγνώμη.	seegnomee
This is... cold underdone burnt	Αυτό είναι... κρύο άψητο καμμένο	afto eene... kreeo apseeto kameno
I didn't order this.	Δεν παρήγγειλα αυτό.	dhen pareengeela afto
I ordered the...	Παρήγγειλα το...	pareengeela to...
When will the food be here?	Πότε θα έρθει το φαγητό;	Pote tha erthei to fayeeto

* paying the bill

The bill, please.	Το λογαριασμό, παρακαλώ.	to logariasmo parakalo
Is service included?	Το φιλοδώρημα συμπεριλαμβάνεται;	to feelodhoreema seembereelamvanete
There's a mistake here.	Υπάρχει ένα λάθος εδώ.	eeparhee ena lathos edho
That was fantastic, thank you.	Ήταν θαυμάσιο, ευχαριστώ.	eetan thavmaseeo efhareesto

YOU MAY HEAR...

| Το φιλοδώρημα δεν συμπεριλαμβάνεται. | to feelodhoreema dhen seembereelamvanete | Service isn't included. |
| Συγνώμη, δεχόμαστε μόνο μετρητά. | seegnomee dhehomaste mono metreeta | Sorry, we only accept cash. |

∗ buying food

YOU MAY WANT TO SAY...

I'd like...	Θα ήθελα...	tha eethela...
some of those/ that	μερικά από αυτά/ αυτό	merika apo afta/afto
a kilo (of...)	ένα κιλό...	ena keelo...
half a kilo (of...)	μισό κιλό...	miso keelo...
200 grammes of that	διακόσια γραμμάρια από αυτό	dheeakosia grammareea apo afto
a piece of that	ένα κομμάτι από αυτό	ena komati apo afto
two slices of that, please	δύο φέτες από αυτό, παρακαλώ	dheeo fetes apo afto parakalo
How much is...	Πόσο κάνει...	poso kanee...
that?	αυτό;	afto
a kilo of cheese?	ένα κιλό τυρί;	ena keelo teeree
What's that, please?	Τι είναι αυτό, παρακαλώ;	tee eene afto parakalo
Have you got...	Έχετε...	ehete...
any bread?	καθόλου ψωμί;	katholoo psomee
any more?	κι άλλο;	kialo

- **A bit more, please.** Λίγο ακόμη, παρακαλώ. *leego akomee parakalo*

- **That's enough, thank you.** Φτάνει, ευχαριστώ. *ftanee efhareesto*

- **That's all, thank you.** Αυτά, ευχαριστώ. *afta efhareesto*

- **I'm looking for...** Ψάχνω για... *psahno ya...*
  - **frozen food** τα κατεψυγμένα *ta katepseegmena*
  - **dairy products** τα γαλακτομικά *ta galaktomeeka*
  - **the fruit and veg section** τα φρούτα και τα λαχανικά *ta froota ke ta lahaneeka*

- **Could you give me a bag, please?** Μου δίνετε μία σακούλα, παρακαλώ; *moo dheenete meea sakoola parakalo*

YOU MAY HEAR...

Μπορώ να σας βοηθήσω;	*boro na sas voeetheeso*	Can I help you?
Τι θα θέλατε;	*tee tha thelate*	What would you like?
Πόσο θα θέλατε;	*poso tha thelate*	How much would you like?
Πόσα θα θέλατε;	*posa tha thelate*	How many would you like?
Λυπάμαι, ξεπουλήσαμε.	*leepame xepooleesame*	I'm sorry, we've sold out.
Τίποτ' άλλο;	*teepotalo*	Anything else?

menu reader

DRINKS

Αναψυκτικά **refreshments**
Βότκα **vodka**
Βυσσινάδα **sour cherryade**
Γάλα **milk**
Γκαζόζα **Seven Up, Sprite-type drinks**
Γρανίτα **sorbet served with a straw**
Ελληνικός καφές **Greek coffee**
   γλυκός **sweet**
   μέτριος **medium**
   σκέτος **without sugar**
Καφές **coffee**
   εσπρέσο **espresso**
   καπουτσίνο **cappuccino**
   λάττε **latte**
   νεσκαφέ **Nescafé**
   ντεκαφεϊνέ **decaffeinated**
Κόκα κόλα **Coca-Cola**
Κονιάκ **brandy**
Κρασί **wine**
   γλυκό **sweet**
   ξηρό **dry**
   ημίγλυκο **semi-sweet**
   κόκκινο **red**
   λευκό **white**
   ροζέ **rosé**
   εμφιαλωμένο **bottled**
   χύμα **from the barrel**
Λεμονάδα **lemonade**
Λικέρ **liqueur**
Μιλκ Σέικ **milk shake**
Μεταλλικό νερό **mineral water**
   με ανθρακικό **sparkling**
   χωρίς ανθρακικό **still**

Μπύρα **beer**
   μαύρη **black**
   ξανθή **lager**
   εμφιαλωμένη **bottled**
   από το βαρέλι **from the barrel**
Οίνος **wine** *(old word still used in written form)*
Ούζο **ouzo**
   με νερό **with water**
   με πάγο **with ice**
   σκέτο **as it is (neat)**
Ουίσκι **whisky**
Πορτοκαλάδα **orangeade**
Ρετσίνα **retsina wine**
Σαμπάνια **Champagne**
Τσάι **tea**
   ζεστό **hot**
   παγωμένο **cold**
   με γάλα **with milk**
   με λεμόνι **with lemon**
   δυόσμο **peppermint**
   του βουνού **mountain tea (Greek herbal tea)**
   χαμομήλι **chamomile**
Τζιν και τόνικ **gin and tonic**
Χυμός (φρούτων) **fruit juice**
   ανανά **pineapple**
   γκρέιπφρουτ **grapefruit**
   λεμόνι **lemon**
   μήλο **apple**
   ντομάτα **tomato**
   πορτοκάλι **orange**
   ροδάκινο **peach**

food and drink

● There are so many delicious dishes to sample when you're in Greece that your only problem will be choosing between them. Try dolmades (stuffed vine leaves), stifado (a beef and onion stew), souvlaki (chicken or pork on a skewer) and baklavas (a dessert made from thin layers of pastry filled with crushed walnuts or almonds and covered in syrup).

● Eating out is very much a part of family life in Greece and children are made welcome in restaurants and tavernas. However, high chairs and changing facilities are still rare.

FOOD

Αγγούρι cucumber
Αγγουροντοματοσαλάτα cucumber and tomato salad
Αλάτι salt
Αμύγδαλα almonds
Άνηθος dill
Αρακάς peas
Αρνί/Αρνάκι lamb
  γιουβέτσι baked with barley-shaped pasta
  κοκκινιστό cooked in tomato sauce
  λεμονάτο cooked in lemon sauce
  με μακαρόνια with spaghetti
  με πατάτες του φούρνου with roast potatoes
  πιλάφι with rice (with/without tomato sauce)
  ραγκού ragout
  σούβλα spit, skewer
  φρικασέ fricassée

Αυγά eggs
  μελάτα soft boiled
  ομελέτα omelette
  σφιχτά hard boiled
  τηγανητά (μάτια) fried
Βούτυρο butter
Βραστός-ή-ό boiled
Γαλοπούλα turkey
Γιαούρτι yoghurt
  αγελαδινό cow's
  πρόβειο sheep's
  στραγγιστό strained
Γίγαντες φούρνου baked butter beans in tomato sauce
Γλυκά sweets
  κέικ cake(s)
  κρεμ καραμελέ crème caramel
  λουκουμάδες small deep-fried doughnuts served with honey and cinnamon
  λουκούμι rose water-flavoured jellied candy (Turkish delight)

μους mousse
μπουγάτσα pastry stuffed with crème patisserie
παγωτά ice creams
νάστες slices of gateau cakes
ρυζόγαλο rice pudding
του κουταλιού (κερασάκι, νερατζάκι, συκαλάκι, μελιτζανάκι, τριαντάφυλλο, βύσσινο) preserved sweets (cherry, bitter orange, fig, little aubergine, rose petals, morello cherry)
του ταψιού (κατάϊφι, καρυδόπιτα, μπακλαβάς) baked sweets with lots of honey or syrup (kataifi, walnut pie, baklava)
ραβανί, γαλακτομπούρεκο) (ravanee, galaktoboureko)
χαλβάς halva
Γουρουνόπουλο sucking-pig
Γύρος doner kebab
Ελαιόλαδο (Λάδι) olive oil (oil)
Ελιές olives
Θαλασσινά sea food
αστακός lobster
αχινός sea urchin
γαρίδες shrimps/prawns
καβούρι crab
καλαμαράκια squid
καραβίδες scampi
μύδια mussels
στρείδια oysters
Ζαμπόν ham
Ζαμπονοτυρόπιτα ham and cheese pie
Ζυμαρικά pasta
Καλοψημένος,-η-ο well done
Καπνιστός,-ή-ό smoked
Καρότα carrots
Καρύδια walnuts
Κατσικάκι kid (goat)
Κεφτεδάκια meat balls
Κιμάς mince meat

Κοκορέτσι grilled sheep's entrails
Κολοκυθάκια courgettes
Κοτόπουλο chicken
κοκκινιστό cooked in tomato sauce
ψητό baked
Κουκιά broad beans
Κουνέλι rabbit
Κουνουπίδι γιαχνί cauliflower in tomato sauce
Κουραμπιέδες Greek shortbread with almonds
Κρασάτος,-η-ο cooked with wine
Κρεατόπιτα Meat pie
Κρέμα cream
Κρεμμύδια onions
Κρέπες crepes
Κριθαράκι barley-shaped pasta
Κυνήγι game
μπεκάτσα woodcock
ορτύκι quail
πέρδικα partridge
Λαγός στιφάδο hare in tomato sauce with onions and spices
Λαδερά vegetable dishes cooked in olive oil
Λαδολέμονο olive oil and lemon dressing
Λαδόξυδο olive oil and vinegar dressing
Λαχανικά vegetables
Λάχανο cabbage
Λαχανοσαλάτα cabbage salad
Λεμόνι lemon
Λουκάνικα sausages
Μαγιονέζα mayonnaise
Μαϊντανός parsley
Μακαρόνια spaghetti
με κιμά with mince meat
με σάλτσα with tomato sauce
Μανιτάρια mushrooms
Μαρούλι lettuce

Μαρουλοσαλάτα lettuce salad
Μελιτζάνες aubergines
  γεμιστές stuffed with rice
  ιμάμ cooked in a rich tomato sauce
  τηγανητές fried
  παπουτσάκια stuffed with mince meat and topped with béchamel sauce
Μελιτζανοσαλάτα aubergine salad dip
Μελομακάρονα christmas sweets with semolina and honey
Μισοψημένος-η-ο medium (for meat)
Μοσχάρι/Μοσχαράκι veal
  γιουβέτσι baked with barley shaped pasta
  με κολοκυθάκια with courgettes
  πιλάφι with rice (and sometimes tomato sauce)
  ψητό με πατάτες του φούρνου baked with roast potatoes
Μουσακάς moussaka
Μουστάρδα mustard
Μπάμιες okra
Μπέικον bacon
Μπιφτέκια Greek hamburgers
Μπουρεκάκια small patties
  με κρέας with meat
  με πατάτα with potato
  με τυρί with cheese
Μπούτι leg (of meat)
Μπριάμ ratatouille
Μπριζόλα chop
  αρνίσια lamb
  μοσχαρίσια veal
  χοιρινή pork
Ντομάτες tomatoes
  γεμιστές stuffed with rice
Ντοματοσαλάτα tomato salad
Ξύδι vinegar
Παγωτά ice-creams
  κασάτο cassata
  κρέμα cream

σοκολάτα chocolate
φράουλα strawberry
φυστίκι pistachio
κύπελλο served in a plastic cup
χωνάκι served in a cornet
Παϊδάκια lamb chops
Πάπια duck
Πάστες slices of gateau
  αμυγδάλου almond
  σοκολατίνα chocolate
Παστέλι sesame and honey sweet
Παστίτσιο pasta and mince meat bake topped with béchamel sauce
Πατατάκια crisps
Πατάτες potatoes
  πουρέ mashed
  τηγανητές fried
  φούρνου roast
Πιπέρι pepper
Πιπεριές peppers
  γεμιστές stuffed with rice
  τηγανητές fried
Ποικιλία mixed appetisers
Πράσα leeks
Ραπανάκια radishes
Ρεβίθια chick peas
Ρωσική σαλάτα Russian salad dip
Σαγανάκι fried cheese
Σενιάν raw (for meat)
Σαλάμι salami
Σαλάτα salad
  αγγούρι-ντομάτα cucumber and tomato
  λάχανο cabbage
  μαρούλι lettuce
  ντομάτα tomato
  του σεφ chef (with ham, cheese and dressing)
  χωριάτικη Greek
Σαντιγί whipped cream
Σάντουιτς sandwich(es)

food and drink

με αυγό with egg

με ζαμπόν τυρί with ham and cheese

με κοτόπουλο with chicken

με τόννο with tuna

Σέλινο celery

Σκορδαλιά potato and garlic dip

Σκόρδο garlic

Σούβλα spit, skewer

Σουβλάκι skewer of grilled meat

Σούπες soups

αυγολέμονο rice in egg and lemon sauce

κοτόσουπα chicken

μινεστρόνε minestrone

φασολάδα bean

φακές lentil

χορτόσουπα vegetable

ψαρόσουπα fish

Σουτζουκάκια meat balls in rich tomato sauce

Σπανάκι spinach

Σπανακόπιτα spinach pie

Σπανακόρυζο spinach and rice cooked in olive oil

Σπαράγγια asparagus

Στα κάρβουνα charcoaled

Σταφίδες raisins

Σταφύλια grapes

Στο φούρνο baked/roasted

Συκώτι liver

Συκωτάκια τηγανητά fried little livers

Ταραμοσαλάτα fish-roe salad

Τζατζίκι yoghurt, garlic and cucumber dip

Τηγανητός-ή-ό fried

Της κατσαρόλας casserole

Της σχάρας grilled

Της ώρας cooked to order

Τοστ toasted sandwich(es)

Τουρσιά pickles

Τσουρέκι Greek type of brioche served at Easter

Τυρί cheese

γραβιέρα gruyère

κασέρι semi-hard, mild, yellow cheese

κεφαλοτύρι hard, strong, salty white cheese

μυζήθρα soft, unsalted, white cheese

φέτα soft or hard, salty, white cheese

Τυρόπιτα cheese pie

Τυροπιτάκια little cheese pies

Φάβα split peas

Φασολάκια French beans

Φασόλια dry beans

γίγαντες butter beans

μαυρομάτικα black-eye-beans

γιαχνί cooked in tomato sauce

Φιλέτο fillet

Φουντούκια hazelnuts

Φρούτα fruit

ανανάς pineapple

βερίκοκο apricot

καρπούζι watermelon

κεράσι cherry

λεμόνι lemon

μήλο apple

μπανάνα banana

πεπόνι melon

πορτοκάλι orange

ροδάκινο peach

σταφύλι grape

σύκο fig

φράουλα strawberry

Φρουτοσαλάτα fruit salad

Φυστίκια peanuts

Φυστίκια Αιγίνης pistachio nuts

Χαλβάς halva

Χάμπουργκερ hamburger

Χέλι **eel**
Χόρτα **dark green leaf vegetables**
Χορτόπιτα **vegetable pie**
Χοτ ντογκ **hot dog**
Χουρμάδες **dates**
Χταπόδι/Χταποδάκι **octopus**
Χυλοπίτες **Greek pasta made of semolina, eggs and milk**
Ψάρια **fish**
  βακαλάος (μπακαλιάρος) **cod**
  γαλέος **lamprey**
  γαύρος **anchovy (fresh)**
  γόπα **sort of sardine but larger**
  λαβράκι **grey mullet**

  μαρίδες **whitebait**
  μπαρμπούνι **red mullet**
  ξιφίας **sword fish**
  πέρκα **perch**
  πέστροφα **trout**
  ρέγγα **herring**
  σκουμπρί **mackerel**
  σολωμός **salmon**
  σουπιές **cuttlefish**
  φαγγρί **sea-bream**
Ψητός-ή-ό **baked, roasted**
Ψωμί **bread**
Ψωμάκι **bread roll**

sightseeing
&activities

✳ at the tourist office

● Greece boasts numerous archaeological sites, including the famous Acropolis in Athens, the Ancient Theatre of Epidavros, and the Minoan Palace of Knossos in Crete.

● Around 220 of Greece's islands are inhabited, and each one has something unique to offer. It is worth visiting a tourist information centre (E. O. T.) on the island on which you are staying to find out about festivals, tours and boat trips, as well as accommodation and car hire.

sightseeing and activities

YOU MAY WANT TO SAY...

● Do you speak English?	Μιλάτε Αγγλικά;	*meelate angleeka*
● Do you have...	Έχετε...	*ehete...*
a town plan?	χάρτη της πόλης;	*hartee tees polees*
a list of hotels?	κατάλογο ξενοδοχείων;	*katalogo ksenodhoheeon*
● Can you recommend a...	Μπορείτε να μου συστήσετε ένα...	*boreete na moo seesteesete ena...*
good campsite?	καλό κάμπινγκ;	*kalo kampeeng*
traditional restaurant?	παραδοσιακό εστιατόριο;	*paradhoseeako esteeatoreeo*
● Do you have information...	Έχετε πληροφορίες,...	*ehete pleeroforees...*
in English?	στα Αγγλικά;	*sta angleeka*
about opening times?	για τις ώρες λειτουργίας;	*ya tees ores leetooryeeas*

- **Can you book...** Μπορείτε να μου *boreete na moo*
  κλείσετε... *kleesete...*

  a hotel room ένα δωμάτιο σε *ena dhomateeo se*
  for me? ξενοδοχείο; *ksenodhoheeo*
  this day trip αυτή την ημερήσια *aftee teen*
  for me? εκδρομή; *eemereeseea*
  ekdhromee

- **Where is...** Πού είναι... *poo eene...*
  the old town? η παλιά πόλη; *ee palia polee*
  the art gallery? η γκαλερί; *ee galeree*
  the museum? το μουσείο; *to mooseeo*

- **Is there a...** Υπάρχει... *eeparhee...*
  swimming pool? πισίνα; *peeseena*
  a bank? τράπεζα; *trapeza*

- **Is there a post** Υπάρχει ταχυδρομείο *eeparhee taheedhro-*
  office near here? εδώ κοντά; *meeo edho konda*

- **Can you show me** Μπορείτε να μου δείξετε *boreete na moo*
  on the map? στο χάρτη; *dheexete sto hartee*

sightseeing and activities

* opening times
(see **telling the time**, page 15)

(see **telling the time**, page 15)

YOU MAY WANT TO SAY...

- **What time does** Τι ώρα ανοίγει το *tee ora aneeyee to*
  the museum μουσείο; *mooseeo*
  open?

- **What time does** Τι ώρα κλείνει ο *tee ora kleenee o*
  the archaeological αρχαιολογικός χώρος; *arheoloyeekos horos*
  site close?

visiting places

- **When does the exhibition open?** — Πότε ανοίγει η έκθεση; — *pote aneeyee ee ekthesee*

- **Is it open...** — Είναι ανοικτά... — *eene aneekta...*
  - **on Mondays?** — τις Δευτέρες; — *tees dhefteres*
  - **at the weekend?** — το Σαββατοκύριακο; — *to savatokeeriako*

- **Can we visit the (monastery)?** — Μπορούμε να επισκεφτούμε (το μοναστήρι); — *boroome na epeeskeftoome (to monasteeree)*

- **Is it (f/n) open to the public?** — Είναι ανοικτή/ό στο κοινό; — *eene aneektee/o sto keeno*

YOU MAY HEAR...

- Είναι ανοικτά κάθε μέρα εκτός... — *eene aneekta kathe mera ektos...* — It's open every day except...

- Είναι ανοικτά από ... μέχρι... — *eene aneekta apo ... mehree...* — It's open from ... to...

- Είναι κλειστά την/το... — *eene kleesta teen/to...* — It's closed on...

✳ visiting places

YOU MAY SEE...

Ανοικτό/ά	Open
Απαγορεύεται η Είσοδος	No entry
Απαγορεύεται η Φωτογράφηση με Φλας	No flash photography
Κλειστό (για επισκευές)	Closed (for repairs)

sightseeing and activities

Μην Αγγίζετε	Do not touch
Ξεναγήσεις	Guided tours
Ώρες Λειτουργίας	Opening hours

YOU MAY WANT TO SAY...

- **How much does it cost to get in?** — Πόσο στοιχίζει η είσοδος; — *poso steeheezee ee eesodhos*

- **One adult and two children, please.** — Για δύο ενήλικες και δύο παιδιά, παρακαλώ. — *ya dheeo eneeleekes ke dheeo pedhia parakalo*

- **Is there a reduction for...** — Έχει έκπτωση για... — *ehee ekptosee ya...*
    - **students?** — φοιτητές; — *feeteetes*
    - **pensioners?** — συνταξιούχους; — *seendakseeoohoos*
    - **children?** — παιδιά; — *pedhia*
    - **disabled people?** — αναπήρους; — *anapeeroos*

- **Is there...** — Υπάρχει... — *eeparhee...*
    - **wheelchair access?** — πρόσβαση για άτομα με αναπηρίες; — *prosvasee ya atoma me anapeerees*
    - **a picnic area?** — χώρος για πικ-νικ; — *horos ya picnic*

- **Are there guided tours (in English)?** — Υπάρχουν ξεναγήσεις (στα αγγλικά); — *eeparhoon ksenayeesees (sta angleeka)*

- **Can I take photos?** — Μπορώ να βγάλω φωτογραφίες; — *boro na vgalo fotografees*

- **Can you take a photo of us?** — Μπορείτε να μας βγάλετε μία φωτογραφία; — *boreete na mas vgalete meea fotografeea*

going on tours and trips

When was this built?	Πότε χτίστηκε;	pote hteesteeke
Who painted that?	Ποιος το ζωγράφισε;	pios to zografeese
How old is it?	Πόσο παλιό είναι;	poso palio eene

YOU MAY HEAR...

Στοιχίζει ... ευρώ το άτομο.	steeheezee ... evro to atomo	It costs ... euros per person.
Έχει έκπτωση για φοιτητές/ συνταξιούχους.	ehee ekptosee ya feeteetes/ seendakseeoohoos	There's a reduction for students/senior citizens.
Υπάρχουν διάδρομοι για αναπηρικές καρέκλες.	eeparhoon dheeadhromee ya anapeereekes karekles	There are wheelchair ramps.

✳ going on tours and trips

YOU MAY WANT TO SAY...

I/We'd like to join the tour to...	Θέλω/Θέλουμε να πάρουμε μέρος στην ξενάγηση για...	thelo/theloome na paroome meros steen ksenayeesee ya...
What time...	Τι ώρα...	tee ora...
does it leave?	φεύγει;	fevyee
does it get back?	γυρίζει/επιστρέφει;	yeereezee/ epeestrefee
How long is it?	Πόσο διαρκεί;	poso dheearkee

sightseeing and activities

Where does it leave from?	Από πού φεύγει;	apo poo fevyee
Does the guide speak English?	Ο/Η ξεναγός μιλάει Αγγλικά;	o/ee ksenagos meelaee angleeka
How much is it?	Πόσο στοιχίζει;	poso steeheezee
Is ... included?	Συμπεριλαμβάνεται...	seembereelamvanete...
lunch	το μεσημεριανό;	to meseemeriano
accommodation	η διαμονή;	ee dheeamonee
When's the next...	Πότε είναι η επόμενη...	pote eene ee epomenee...
boat trip?	μικρή κρουαζιέρα;	meekree krooaziera
day trip?	ημερήσια εκδρομή;	eemereeseea ekdhromee
Can we hire...	Μπορούμε να κλείσουμε...	boroome na kleesoome...
a guide?	ένα ξεναγό;	ena ksenago
an English-speaking guide?	ένα ξεναγό που να μιλάει Αγγλικά;	ena ksenago poo na meelaee angleeka
How much is it (per day)?	Πόσο στοιχίζει (την ημέρα);	poso steeheezee (teen eemera)
I'd like to see...	Θέλω να δω...	thelo na dho...
I'm with a group.	Είμαι με γκρουπ.	eeme me group
I've lost my group.	Έχασα το γκρουπ μου.	ehasa to group moo

sightseeing and activities

YOU MAY HEAR...

Φεύγει στη/στις...	fevyee stee/stees...	It leaves at...

Γυρίζει/Επιστρέφει στη/στις...	*yeereezee/epeestrefee stee/stees...*	It gets back at...
Φεύγει από...	*fevyee apo...*	It leaves from...

✳ tourist glossary

YOU MAY SEE...

αριστούργημα	masterpiece
Βυζαντινός-ή-ό	Byzantine
εκκλησία	church
κάστρο	castle
κήπος	garden
κλασικός-ή-ό	classical
μεσαιωνικός-ή-ό	medieval
μινωικός-ή-ό	minoan
μοναστήρι	monastery
παλάτι	palace
πάρκο	park
φρούριο	fortress

✳ entertainment

● Football and basketball are the most popular spectator sports in Greece. Greeks generally don't go out until after 10pm – plays and concerts start at around 10.30pm and bars stay open all night. Bouzouki clubs, with live music, are very popular.

YOU MAY SEE...

αίθουσα συναυλιών	concert hall
απογευματινή παράσταση	matinée
βραδινή παράσταση	evening performance
εισιτήρια	tickets
είσοδος	entry
εξαντλήθηκαν	sold out
θέατρο	theatre
θεωρεία	boxes
ιππόδρομος	racecourse
κινηματογράφος/σινεμά	cinema
Λυρική Σκηνή	opera house
ντίσκο	disco
σειρά	row, tier

YOU MAY WANT TO SAY...

- **What is there to do in the evenings here?** — Τι μπορεί να κάνει κανείς εδώ τα βράδια; — *tee boree na kanee kanees edho ta vradhia*

- **Is there anything for children?** — Τι υπάρχει για τα παιδιά; — *tee eeparhee ya ta pedhia*

- **Is there ... round here?** — Υπάρχει κανένα... εδώ γύρω; — *eeparhee kanena ... edho yeero*
  - **a cinema** — σινεμά — *seenema*
  - **a good club** — καλό κλαμπ — *kalo club*

- **What's on...** — Τι παίζει... — *tee pezee...*
  - **tonight?** — απόψε; — *apopse*
  - **tomorrow?** — αύριο; — *avreeo*

sightseeing and activities

101

at the theatre	Στο θέατρο	sto theatro
at the cinema	Στον κινηματογράφο/ στο σινεμά	ston keeneematografo/ sto seenema
Is there a match on this weekend?	Έχει (ποδοσφαιρικό) αγώνα αυτό το Σαββατοκύριακο;	ehee (podhosfereeko) agona afto to savatokeeriako
When does the ... start?	Τι ώρα αρχίζει...	tee ora arheezee...
game	το παιχνίδι;	to pehneedhee
performance	η παράσταση;	ee parastasee
What time does it finish?	Τι ώρα τελειώνει;	tee ora teleeonee
How long is it?	Πόσο διαρκεί;	poso dheearkee
Do we need to book?	Χρειάζεται να κλείσουμε θέση;	hreeazate na kleesoome thesee
Where can I get tickets?	Πού μπορώ να πάρω εισιτήρια;	poo boro na paro eeseeteereea
Is it suitable for children?	Είναι κατάλληλο για παιδιά;	eene kataleelo ya pedhia
Has the film got subtitles?	Έχει υπότιτλους το φιλμ;	ehee eepoteetloos to film
Who's...	Ποιος...	pios...
singing?	τραγουδάει;	tragoodhaee
playing?	παίζει;	pezee
in that?	παίρνει μέρος;	pernee meros

YOU MAY HEAR...

Αρχίζει στις...	*arheezee stees...*	It starts at...
Τελειώνει στις...	*teleeonee stees...*	It finishes at...
Έχει (αγγλικούς) υπότιτλους.	*ehee (angleekoos) eepoteetloos*	It's got (English) subtitles.
Πρωταγωνιστεί ο/η...	*protagoneestee o/ee...*	It stars...

* booking tickets

YOU MAY WANT TO SAY...

Can you get me tickets for...	Μπορείτε να μου βρείτε εισιτήρια για...	*boreete na moo vreete eeseeteereea ya...*
the ballet?	το μπαλέτο;	*to baleto*
the football match?	τον (ποδοσφαιρικό) αγώνα;	*ton (podhosfereeko) agona*
the theatre?	το θέατρο;	*to theatro*
Are there any seats left for Saturday?	Υπάρχουν θέσεις για το Σάββατο;	*eeparhoon thesees ya to savato*
I'd like to book...	Θέλω να κλείσω...	*thelo na kleeso...*
a box	ένα θεωρείο	*ena theoreeo*
two seats	δύο θέσεις	*dheeo thesees*
In the stalls.	Στην πλατεία.	*steen plateea*
In the dress circle.	Στον εξώστη.	*ston eksostee*
Do you have anything cheaper?	Έχετε τίποτα φτηνότερο;	*ehete teepota fteenotero*

| Is there wheelchair access? | Υπάρχει πρόσβαση για άτομα με αναπηρίες; | *eeparhee prosvasee ya atoma me anapeerees* |

✱ at the show

What ... is on tonight?	Τι ... έχει σήμερα;	*tee ... ehee seemera*
film	φιλμ	*film*
play	παράσταση	*parastasee*
opera	όπερα	*opera*
Two for tonight's performance.	Δύο για την παράσταση απόψε.	*dheeo ya teen parastasee apopse*
One adult and two children.	Δύο ενήλικες και δύο παιδιά.	*dheeo eneeleekes ke dheeo pedhia*
How much is that?	Πόσο κάνει αυτό;	*poso kanee afto*
We would like to sit...	Θέλουμε να καθήσουμε...	*theloome na katheesoome...*
at the front	μπροστά	*brosta*
at the back	πίσω	*peeso*
in the middle	στη μέση	*stee mesee*
We've reserved seats.	Έχουμε κρατήσει θέσεις.	*ehoome krateesee theses*
My name is...	Το όνομά μου είναι...	*to onoma moo eene...*
Is there an interval?	Έχει διάλειμμα;	*ehee dhialeema*
Where are the toilets?	Πού είναι οι τουαλέτες;	*poo eene ee tooaletes*

sightseeing and activities

● **Can you stop talking, please?** Μην μιλάτε, παρακαλώ; *meen meelate parakalo*

YOU MAY HEAR...

● Μπορώ να δω την πιστωτική σας κάρτα, παρακαλώ; *boro na dho teen peestoteekee sas karta parakalo* — Can I see your credit card, please?

● Λυπάμαι, είμαστε γεμάτοι απόψε. *leepame eemaste yematee apopse* — Sorry, we're full tonight.

● Πού θέλετε να καθίσετε; *poo thelete na katheesete* — Where do you want to sit?

● Θέλετε ένα πρόγραμμα; *thelete ena programa* — Would you like a programme?

✴ sports and activities

YOU MAY SEE...

ανοικτή πισίνα	outdoor swimming pool
απαγορεύεται το κολύμπι	no swimming
απαγορεύεται το ψάρεμα	no fishing
γήπεδο ποδοσφαίρου	football pitch
γήπεδο γκολφ	golf course
γήπεδο τένις	tennis court
ενοικίαση σκαφών	boat hire
ενοικίαση (εξοπλισμού) σκι	ski hire
θαλάσσια ποδήλατα	pedaloes
ιδιωτική πλαζ	private beach

sports and activities

κίνδυνος	danger
κλειστή πισίνα	indoor swimming pool
παραλία/πλαζ	beach
πισίνα	swimming pool
πρώτες βοήθειες	first aid
σχολή σκι	ski school
τελεφερίκ	cable car

YOU MAY WANT TO SAY...

- **Can I...**
  go riding?
  go fishing?

  Μπορώ να...
  κάνω ιππασία;
  πάω για ψάρεμα;

  boro na...
  kano eepaseea
  pao ya psarema

- **Where can we play tennis?**

  Πού μπορούμε να παίξουμε τένις;

  poo boroome na peksoome tenis

- **Where can I play golf?**

  Πού μπορώ να παίξω γκολφ;

  poo boro na pekso golf

- **I'm...**
  a beginner (m/f)

  quite experienced (m/f)

  Είμαι...
  αρχάριος/
  αρχάρια
  αρκετά έμπειρος/
  έμπειρη

  eeme...
  *arhareeos/
  arhareea*
  *arketa embeeros/
  embeeree*

- **How much does it cost...**
  per hour?
  per day?
  per week?
  per round?

  Πόσο κάνει/στοιχίζει...
  την ώρα;
  την ημέρα;
  την εβδομάδα;
  το γύρο;

  *poso kanee/
  steeheezee...*
  teen ora
  teen eemera
  teen evdhomadha
  to yeero

Is it possible to hire...	Μπορώ να νοικιάσω...	boro na neekiaso...
equipment?	εξοπλισμό;	eksopleesmo
clubs?	μπαστούνια του γκολφ;	bastoonia too golf
rackets?	ρακέτες;	raketes
Is it possible to have lessons?	Μπορώ να κάνω μαθήματα;	boro na kano matheemata
Do you have to be a member?	Πρέπει να είμαι μέλος;	prepee na eeme melos
Can children do it too?	Μπορούν να το κάνουν και τα παιδιά;	boroon na to kanoon ke ta pedhia
Is there a reduction for children?	Έχει έκπτωση για τα παιδιά;	ehee ekptosee ya ta pedhia

YOU MAY HEAR...

Είστε αρχάριος/ αρχάρια;	eeste arhareeos/ arhareea	Are you a beginner? (m/f)
Κάνει/στοιχίζει ... ευρώ την ώρα.	kanee/steeheezee ... evro teen ora	It costs ... euros per hour.
Υπάρχει επιστροφή προκαταβολής ... ευρώ.	eeparhee epeestrofee prokatavolees ... evro	There's a refundable deposit of ... euros.
Είμαστε γεμάτοι για την ώρα/προς το παρόν.	eemaste yematee ya teen ora/pros to paron	We're booked up at the moment.

at the beach, river or pool

Ελάτε λίγο αργότερα.	*elate leego argotera*	Come back a bit later.
Έχουμε θέσεις για αύριο.	*ehoome thesees ya avreeo*	We've got places tomorrow.
Τι μέγεθος/νούμερο φοράτε;	*tee meyethos/ noomero forate*	What size are you?
Χρειάζεστε... μία φωτογραφία ασφάλεια	*hreeazeste... meea fotografeea asfaleea*	You need... a photo insurance

* at the beach, river or pool

Is it all right to... swim here? swim in the lake?	Μπορώ να... κολυμπήσω εδώ; κολυμπήσω στη λίμνη;	*boro na... koleembeeso edho koleembeeso stee leemnee*
Is it dangerous?	Είναι επικίνδυνα;	*eene epeekeendheena*
Is it safe for children?	Είναι ασφαλές για τα παιδιά;	*eene asfales ya ta pedhia*
Is the water clean?	Τα νερά είναι καθαρά;	*ta nera eene kathara*

shops&services

* shopping

● In cities, shops are usually open from 9am-3pm on Mondays, Wednesdays and Saturdays, and 9am–2pm and 5pm–9pm on Tuesdays, Thursdays and Fridays. Larger stores and supermarkets usually open from at least 9am–6pm, Monday to Saturday.

YOU MAY SEE...

αναμνηστικά/σουβενίρ	souvenirs
ανοιχτό	open
ανοιχτό όλη μέρα	open all day
αντίκες	antiques
απαγορεύεται η είσοδος	no entrance
απαγορεύεται η έξοδος	no exit
αρτοπωλείο(ν)/φούρνος	baker's
βιβλιοπωλείο(ν)	bookshop
δερμάτινα είδη	leather goods
δισκοπωλείο(ν)/δίσκοι	records
είδη καπνιστού	tobacconist's
είσοδος	entrance
εκπτώσεις	sale
έξοδος κινδύνου	emergency exit
έπιπλα	furniture
διανυκτερεύον φαρμακείο(ν)	duty chemist (open at night)
διημερεύον φαρμακείο(ν)	duty chemist (open in the day)
εφημερεύων γιατρός	doctor on duty
δοκιμαστήριο	fitting rooms
ζαχαροπλαστείο(ν)	patisserie

ηλεκτρικά είδη	electrical goods
ιχθυοπωλείο(v)/ψαράδικο	fishmonger's
καθαριστήριο(v)/στεγνοκαθαριστήριο(v)	dry cleaner's
κατάστημα αθλητικών ειδών	sports goods
κατάστημα δώρων	gift shop
κατάστημα καλλυντικών/καλλυντικά	cosmetics and perfumes shop
κατάστημα ρούχων	clothes shop
κλειστό	closed
κομμωτήριο(v)	hairdresser's
κοσμηματοπωλείο(v)	jeweller's
κρεοπωλείο(v)/χασάπικο	butcher's
οπτικά	optician
μανάβικο	greengrocer's
παιχνίδια	toy shop
παντοπωλείο(v)/μπακάλικο	groceries
παρακαλώ μην αγγίζετε	please do not touch
πολυκατάστημα	department store
σούπερμαρκετ/υπεραγορά	supermarket
ταμείο	cashier
ταχυδρομείο	post office
υποδηματοποιείο(v)	shoe shop
φαρμακείο(v)	chemist
φωτογραφικά είδη	photographic supplies
χαρτικά	stationer's
ψιλικατζίδικο	newsagent's
ώρες λειτουργίας	business hours
ρολογάς	watchmaker's

Where is...	Πού είναι...	*poo eene...*
the shopping street?	τα μαγαζιά;	*ta magazia*
the post office?	το ταχυδρομείο;	*to taheedhromeeo*
Where can I buy...	Πού μπορώ ν' αγοράσω...	*poo boro nagoraso...*
walking boots?	ορειβατικές μπότες;	*oreevateekes botes*
a map?	ένα χάρτη;	*ena hartee*
I'd like ... please.	Θα ήθελα ... παρακαλώ.	*tha eethela ...parakalo*
that one there	εκείνο εκεί	*ekeeno ekee*
this one here	αυτό εδώ	*afto edho*
two of those	δύο από εκείνα	*dheeo apo ekeena*
Have you got...?	Έχετε...;	*ehete...*
How much does it cost?	Πόσο κάνει;	*poso kanee*
How much do they cost?	Πόσο κάνουν;	*poso kanoon*
Can you write it down, please?	Μπορείτε να το γράψετε, παρακαλώ;	*boreete na to grapsete parakalo*
I'm just looking.	Απλώς, κοιτάζω.	*aplos keetazo*
There's one in the window.	Υπάρχει ένα στη βιτρίνα.	*eeparhee ena stee veetreena*
I'll take it.	Θα το πάρω.	*tha to paro*
Is there a guarantee?	Έχει εγγύηση;	*ehee engeesee*
Can you...	Μπορείτε να μου...	*boreete na moo...*
keep it for me?	το κρατήσετε;	*to krateesete*
order it for me?	το παραγγείλετε;	*to parangeelete*

I/We need to think about it.	Πρέπει να το σκεφτώ/ σκεφτούμε.	*prepee na to skefto/ skeftoome*

YOU MAY HEAR...

Μπορώ να σας βοηθήσω;	*boro na sas voeetheeso*	Can I help you?
Κάνει ... ευρώ.	*kanee ... evro*	It costs ... euros.
Λυπάμαι, ξεπουλήσαμε.	*leepame ksepooleesame*	I'm sorry, we've sold out.
Μπορούμε να σας το παραγγείλουμε.	*boroome na sas to parangeeloome*	We can order it for you.

* paying

YOU MAY WANT TO SAY...

Where do I pay?	Πού πληρώνω;	*poo pleerono*
Do you take credit cards?	Δέχεστε πιστωτικές κάρτες;	*dheheste peestoteekes kartes*
Can you wrap it, please?	Μπορείτε να μου το τυλίξετε, παρακαλώ;	*boreete na moo to teeleeksete parakalo*
With lots of paper	Με πολύ χαρτί	*me polee hartee*
Can you give me ... please?	Μπορείτε να μου δώσετε ... παρακαλώ;	*boreete na moo dhosete ... parakalo*
the receipt	την απόδειξη	*teen apodheeksee*
a bag	μία σακούλα	*meea sakoola*
my change	τα ρέστα μου	*ta resta moo*

buying clothes and shoes

Sorry, I haven't got any change.	Συγνώμη, δεν έχω ψιλά.	*seegnomee dhen eho pseela*

YOU MAY HEAR...

Είναι για δώρο;	*eene ya dhoro*	Is it a gift?
Θέλετε μία σακούλα/ τσάντα;	*thelete meea sakoola/ tsanda*	Do you want a bag?
Πώς θέλετε να πληρώσετε;	*pos thelete na pleerosete*	How do you want to pay?
Μπορώ να δω... το διαβατήριό σας;	*boro na dho... to dheeavateereeo sas*	Can I see... your passport?
Έχετε ψιλά;	*ehete pseela*	Have you got anything smaller?

✳ buying clothes and shoes
(see **clothes and shoe sizes**, page 19)

YOU MAY WANT TO SAY...

Have you got the next size up/down?	Έχετε μεγαλύτερο/ μικρότερο νούμερο;	*ehete megaleetero/ meekrotero noomero*
Have you got another colour?	Έχετε άλλο χρώμα;	*ehete alo hroma*
I'm a size...	Φοράω νούμερο...	*forao noomero*

- I'm looking for... Ψάχνω για... *psahno ya...*
  - a shirt ένα πουκάμισο *ena pookameeso*
  - a pair of jeans ένα ζευγάρι τζιν *ena zevgaree tzeen*
  - a jumper ένα πουλόβερ *ena poolover*
  - a jacket μία ζακέτα/σακάκι *meea zaketa/ sakakee*

- A pair of... Ένα ζευγάρι... *ena zevgaree...*
  - trainers αθλητικά παπούτσια *athleeteeka papootsia*
  - shoes παπούτσια *papootsia*
  - sandals πέδιλα *pedheela*

- Where are the changing rooms? Πού είναι το δοκιμαστήριο; *poo eene to dhokeemasteereeo*

✳ changing rooms

YOU MAY WANT TO SAY...

- Can I try this on, please? Μπορώ να το δοκιμάσω, παρακαλώ; *boro na to dhokeemaso parakalo*

- It doesn't fit. Δεν μου κάνει. *dhen moo kanee*

- It's too big/small. Είναι πολύ μεγάλο/ μικρό. *eene polee megalo/ meekro*

- It doesn't suit me. Δεν μου πάει. *dhen moo paee*

YOU MAY HEAR...

- Θέλετε να το/τα δοκιμάσετε; *thelete na to/ta dhokeemasete* Would you like to try it/them on?

shops and services

115

exchanges and refunds

Τι νούμερο φοράτε;	*tee noomero forate*	What size are you?
Θα σας φέρω άλλο.	*tha sas fero alo*	I'll get you another one.
Λυπάμαι, είναι το τελευταίο.	*leepame eene to telefteo*	Sorry, that's the last one.
Σας πάει/πάνε.	*sas paee/pane*	It suits/they suit you.

* exchanges and refunds

YOU MAY WANT TO SAY...

- Excuse me, this is faulty.
  Συγνώμη, είναι ελαττωματικό.
  seegnomee eene elatomateeko

- Excuse me, this doesn't fit.
  Συγνώμη, δεν μου κάνει.
  seegnomee dhen moo kanee

- I'd like...
  Θα ήθελα...
  tha eethela...
  a refund
  τα λεφτά μου πίσω
  ta lefta moo peeso
  a new one
  ένα καινούργιο
  ena kenooryio

- I'd like...
  Θα ήθελα...
  tha eethela...
  to return this
  να το επιστρέψω
  na to epeestrepso
  to change this
  να το αλλάξω
  na to alakso

YOU MAY HEAR...

Έχετε...	*ehete...*	Have you got...
την απόδειξη;	*teen apodheeksee*	the receipt?
την εγγύηση;	*teen engeesee*	the guarantee?

Λυπάμαι, δεν επιστρέφονται χρήματα/λεφτά.	*leepame dhen epeestrefonte hreemata/lefta*	Sorry, we don't give refunds.
Μπορείτε να το αλλάξετε.	*boreete na to alaksete*	You can exchange it.

✳ bargaining

Is this your best price?	Μπορείτε να μου κάνετε καλύτερη τιμή;	*boreete na moo kanete kaleeteree teemee*
It's too expensive.	Είναι πάρα πολύ ακριβό.	*eene para polee akreevo*
Is there a reduction for cash?	Υπάρχει έκπτωση αν πληρώσω μετρητά;	*eeparhee ekptosee an pleeroso metreeta*
I'll give you...	Θα σας δώσω...	*tha sas dhoso...*
That's my final offer.	Αυτή είναι η τελική μου προσφορά.	*aftee eene ee teleekee moo prosfora*

✳ photography

Can you develop this film for me?	Μπορείτε να μου εμφανίσετε αυτό το φιλμ;	*boreete na moo emfaneesete afto to film*
I have a digital camera.	Έχω ψηφιακή μηχανή.	*eho pseefeeakee meehanee*

- **Can you print from this memory card?** — Μπορείτε να μου το τυπώσετε από την κάρτα μνήμης; — *boreete na moo to teepoosete apo teen karta mneemes*

- **When will it/they be ready?** — Πότε θα είναι έτοιμο/έτοιμα; — *pote tha eene eteemo/eteema*

- **Do you have an express service?** — Έχετε ταχεία εξυπηρέτηση; — *ehete taheea ekseepeereteesee*

- **Does it cost extra?** — Στοιχίζει παραπάνω; — *steeheezee parapano*

- **How much does it cost...** — Πόσο κάνει... — *poso kanee...*
  - **per film?** — το κάθε φιλμ; — *to kathe film*
  - **per print?** — η κάθε κόπια; — *ee kathe kopia*

- **I need...** — Χρειάζομαι... — *hreeazome...*
  - **a colour film** — ένα έγχρωμο φιλμ — *ena enhromo film*
  - **a black and white film** — ένα ασπρόμαυρο φιλμ — *ena aspromavro film*
  - **a memory card** — μία κάρτα μνήμης — *meea karta mneemees*

- **I'd like...** — Θα ήθελα... — *tha eethela...*
  - **a 24 exposure film, please** — ένα εικοσιτεσσάρι φιλμ, παρακαλώ — *ena eekoseetesaree film parakalo*
  - **a 36 exposure film, please** — ένα τριανταεξάρι φιλμ, παρακαλώ — *ena treeanda-eksaree film parakalo*
  - **a disposable camera, please** — μηχανή μίας χρήσης, παρακαλώ — *meehanee meeas hreesees parakalo*

- **My camera is broken.** — Μου χάλασε η μηχανή. — *moo halase ee meehanee*

- **Do you do repairs?** — Κάνετε επισκευές; — *kanete epeeskeves*

Τι μέγεθος θέλετε τις φωτογραφίες σας;	tee meyethos thelete tees fotografees sas	What size do you want your prints?
Τις θέλετε ματ ή γυαλιστερές;	tees thelete mat ee yialeesteres	Do you want them matt or glossy?
Ελάτε...	elate...	Come back...
αύριο	avreeo	tomorrow
σε μία ώρα	se meea ora	in an hour

* at the off-licence

YOU MAY WANT TO SAY...

Have you got any...	Έχετε...	ehete...
local wine?	τοπικό κρασί;	topeeko krasee
special offers?	ειδικές προσφορές;	eedheekes prosfores
A case of this wine, please.	Μία κάσα από αυτό το κρασί, παρακαλώ.	meea kasa apo afto to krasee parakalo
Can you recommend...	Μπορείτε να μου συστήσετε...	boreete na moo seesteesete...
a light wine?	ένα ελαφρύ κρασί;	ena elafree krasee
Is this sweet or dry?	Είναι γλυκό ή ξηρό;	eene gleeko ee kseero

shops and services

119

✳ at the post office

● Post offices το ταχυδρομείο *(to taheedhromeeo)* are open from 7.30am–8pm, Monday to Saturday. If you only want stamps, you can buy them from a newspaper kiosk – περίπτερο *(pereeptero)*. Postboxes in Greece are painted bright yellow.

YOU MAY WANT TO SAY...

● A stamp for ... please.	Ένα γραμματόσημο για ... παρακαλώ.	*ena gramatoseemo ya ... parakalo*
Great Britain	τη Μεγάλη Βρετανία	*tee megalee vretaneea*
America	την Αμερική	*teen amereekee*
● Five stamps for...	Πέντε γραμματόσημα για...	*pende gramatoseema ya...*
● For...	Για...	*ya ...*
postcards	καρτ-ποστάλ	*kart-postal*
letters	γράμματα	*gramata*
● Can I send this...	Μπορώ να το στείλω...	*boro na to steelo...*
registered?	συστημένο;	*seesteemeno*
airmail?	αεροπορικώς;	*aeroporeekos*
● It contains...	Περιέχει...	*pereehee...*
● Do you change money here?	Αλλάζετε χρήματα εδώ;	*alazete hreemata edho*
● Can I have a receipt, please?	Μου δίνετε μία απόδειξη, παρακαλώ;	*moo dheenete meea apodheeksee parakalo*

YOU MAY HEAR...

Για καρτ-ποστάλ ή γράμμα;	*ya kart-pos tal ee grama*	For postcards or letters?
Βάλτε το στη ζυγαριά, παρακαλώ.	*valte to stee zeegaria parakalo*	Put it on the scales, please.
Τι έχει μέσα;	*tee ehee mesa*	What's in it?
Παρακαλώ συμπληρώστε αυτή την τελωνειακή δήλωση.	*parakalo seembleeroste aftee teen teloneeakee dheelosee*	Please fill in this customs declaration form.

✳ at the bank

YOU MAY WANT TO SAY...

Excuse me, where is the foreign exchange counter?	Συγνώμη, πού είναι το γκισέ συναλλάγματος;	*Seegnomee poo eene to geese seenalagmatos*
Is there a cash machine here?	Υπάρχει ATM (Μηχάνημα Αυτόματων Συναλλαγών) εδώ;	*eeparhee ATM (meehaneema aftomaton seenalagon) edho*
The cash machine has eaten my card.	Το μηχάνημα μού παρακράτησε την κάρτα.	*to meehaneema moo parakrateese teen karta*
I've forgotten my PIN.	Έχω ξεχάσει τον προσωπικό μυστικό μου αριθμό.	*eho ksehasee ton prosopeeko meesteeko moo areethmo*

at the bank

- **Can I check my account?** — Μπορώ να ελέγξω το λογαριασμό μου;

- **My account number is...** — Ο αριθμός λογαριασμού μου είναι...

- **My name is...** — Με λένε...

- **I'd like to...** — Θα ήθελα να...
  - withdraw some money — κάνω ανάληψη
  - pay some money in — κάνω κατάθεση
  - cash this cheque — εξαργυρώσω αυτή την επιταγή

- **Has my money arrived yet?** — Ήρθαν τα χρήματά μου;

YOU MAY HEAR...

- Το διαβατήριό σας, παρακαλώ. — *to dheeavateereeo sas parakalo* — Your passport, please.

- Το όνομά σας; — *to onoma sas* — What's your name?

- Έχετε υπόλοιπο... — *ehete eepoleepo...* — Your balance is...

- Έχετε υπερβεί το υπόλοιπό σας κατά... — *ehete eepervee to eepoleepo sas kata* — You're overdrawn by...

- Δεν μπορούμε να σας επιτρέψουμε να πάρετε χρήματα. — *dhen boroome na sas epeetrepsoome na parete hreemata* — We can't let you have any money.

* changing money

I'd like to change...	Θέλω ν' αλλάξω...	*thelo nalakso...*
these traveller's cheques	αυτές τις ταξιδιωτικές επιταγές	*aftes tees takseetheeoteekes epeetayes*
£100	εκατό λίρες	*ekato leeres*
Can I have...	Μπορείτε να μου δώσετε...	*boreete na moo dhosete...*
new notes?	καινούργια χαρτονομίσματα;	*kenooryia hartonomeesmata*
some change?	μερικά ψιλά;	*mereeka pseela*
Can I get money out on my credit card?	Μπορώ να βγάλω λεφτά από την πιστωτική μου κάρτα;	*boro na vgalo lefta apo teen peestoteekee moo karta*
What's the rate ... today?	Ποια είναι η τιμή ... σήμερα;	*pia eene ee teemee ... seemera*
for the pound?	της λίρας	*tees leeras*
for the dollar?	του δολλαρίου	*too dholareeoo*
for the euro?	του ευρώ	*too evro*

Πόσα;	*posa*	How much?
Το διαβατήριό σας.	*to dheeavateereeo sas*	Your passport.
Υπογράψτε εδώ.	*eepograpste edho*	Sign here.
Είναι ... ευρώ στη λίρα.	*eene ... evro stee leera*	It's at ... euros to the pound.

shops and services

123

✳ telephones

Phone boxes are easy to find in bars and on street corners, and are card operated only. To call abroad, first dial 00, then the country code, e.g. 44 for the UK. Follow this with the town code minus the first zero, and then the rest of the telephone number.

YOU MAY WANT TO SAY...

- **Where's the (nearest) phone?**
Πού είναι το (πλησιέστερο) τηλέφωνο;
poo eene to (pleeseestero) teelefono

- **Is there a public phone?**
Υπάρχει τηλεφωνικός θάλαμος;
eeparhee teelefoneekos thalamos

- **Have you got change for the phone, please?**
Έχετε ψιλά για το τηλέφωνο, παρακαλώ;
ehete pseela ya to teelefono parakalo

- **I'd like to...**
Θα ήθελα να...
tha eethela na...
  buy a phone card
αγοράσω μία τηλεκάρτα
agoraso meea teelekarta
  call England
τηλεφωνήσω στην Αγγλία
teelefoneeso steen angleea

- **The number is...**
Ο αριθμός τηλεφώνου είναι..
o areethmos teelefonoo eene...

- **How much does it cost per minute?**
Πόσο χρεώνεται το λεπτό;
poso hreonete to lepto

- **What's the area code for...?**
Ποιος είναι ο κωδικός για...;
pios eene o kodheekos ya

What's the country code for...?	Ποιος είναι ο κωδικός για...;	*pios **eene** o kodheekos ya...*
How do I get an outside line?	Πώς παίρνω εξωτερική γραμμή;	*pos perno eksotereekee gramee*
Hello.	Εμπρός/Παρακαλώ/Λέγετε	*embros/parakalo/leyete*
It's ... speaking. (m/f)	Ο/Η ... είμαι.	*o/ee ... eeme*
Can I have extension...?	Μπορώ να έχω εσωτερικό...;	*boro na eho esotereeko...*
Can I speak to...? (m/f)	Μπορώ να μιλήσω στον/στην...;	*boro na meeleeso ston/steen...*
When will he/she be back?	Πότε θα γυρίσει;	*pote tha yeereesee*
I'll ring back.	Θα ξανατηλεφωνήσω.	*tha ksanateelefoneeso*
Can I leave a message?	Μπορώ ν' αφήσω ένα μήνυμα;	*boro nafeeso ena meeneema*
Can you tell him ... [a female name] called?	Μπορείτε να του πείτε ότι τηλεφώνησε η...;	*boreete na too peete otee teelefoneese ee...*
Can you tell her ... [a male name] called?	Μπορείτε να της πείτε ότι τηλεφώνησε ο...;	*boreete na tees peete otee teelefoneese o...*
My number is...	Ο αριθμός τηλεφώνου μου είναι...	*o areethmos teelefonoo moo eene...*
Sorry, I've got the wrong number.	Συγνώμη, έκανα λάθος.	*seegnomee ekana lathos*

mobiles

● It's a bad line.	Δεν είναι καλή η γραμμή.	*dhen **eene** kalee ee gramee*
● I've been cut off.	Κόπηκε η γραμμή.	*kopeeke ee gramee*

YOU MAY HEAR...

Εμπρός/Παρακαλώ/ Λέγετε.	*embros/parakalo/ leyete*	Hello?
Ο ίδιος/Η ίδια.	*o **eedhios**/ee **eedhia***	Speaking (m/f)
Ποιος είναι στο τηλέφωνο;	*pios **eene** sto teelefono*	Who's calling?
Λυπάμαι, δεν είναι εδώ.	*leepame dhen **eene** edho*	Sorry, he/she's not here.
Περιμένετε μια στιγμή/ένα λεπτό.	*peremenete meea steegmee/ena lepto*	Just a moment.
Μιλάει/Βουίζει.	*meelaee/vooeezee*	It's engaged.
Θέλετε να περιμένετε;	*thelete na pereemenete*	Do you want to hold?

✳ mobiles

YOU MAY WANT TO SAY...

● Have you got...	Έχετε...	*ehete...*
a charger for this phone?	φορτιστή γι' αυτό το τηλέφωνο;	*forteestee yafto to teelefono*
a SIM card for the local network?	μία κάρτα SIM για το τοπικό δίκτυο;	*meea karta sim ya to topeeko dheekteeo*

shops and services

126

a pay-as-you-go phone?	καρτοκινητό;	*kartokeeneeto*
Can I/we hire a mobile?	Μπορώ/Μπορούμε να νοικιάσουμε ένα κινητό;	*boro/boroome na neekiasoome ena keeneeto*
What's the tariff?	Ποια είναι η διατίμηση;	*pia eene ee dheeateemeesee*
Are text messages included?	Συμπεριλαμβάνονται τα μηνύματα SMS (γραπτά μηνύματα);	*seembereelamvanonte ta meeneemata SMS (grapta meeneemata)*
How do you make a local call?	Πώς παίρνετε τοπικό τηλέφωνο;	*pos pernete topeeko teelefono*
Is there a code?	Υπάρχει κωδικός;	*eeparhee kodheekos*
How do you send text messages?	Πώς στέλνετε μηνύματα SMS (γραπτά μηνύματα);	*pos stelnete meeneemata sms (grapta meeneemata)*

* the internet

YOU MAY WANT TO SAY...

Is there an internet cafe near here?	Υπάρχει ίντερνετ καφέ εδώ κοντά;	*eeparhee internet cafay edho konda*
I'd like to... log on check my emails	Θέλω να... συνδεθώ ελέγξω τα email μου	*thelo na... seendhetho elenkso ta email moo*
How much is it per minute?	Πόσο κάνει/στοιχίζει το λεπτό;	*poso kanee/steeheezee to lepto*

shops and services

127

I can't...	Δεν μπορώ να...	dhen boro na...
get in	μπω	bo
log on	συνδεθώ	seendhetho
It's not connecting.	Δεν υπάρχει σύνδεση.	dhen eeparhee seendhesee
It's very slow.	Είναι πολύ αργό.	eene polee argo
Can you...	Μπορείτε να μου...	boreete na moo...
print this?	τυπώσετε αυτό;	teeposete afto
scan this?	ψηφοποιήσετε αυτό;	pseefopeesete afto
Do you have...	Έχετε...	ehete...
a CD rom?	CD;	see dee
a zip drive?	zip drive;	zip dryv
a USB lead?	Διαλήπτη Τροφοδοσίας Ρεύματος;	dheealeeptee trofodhoseeas revmatos

* faxes

What's your fax number?	Ποιος είναι ο αριθμός του φαξ σας;	pios eene o areethmos too fax sas
Can you send this fax for me, please?	Μπορείτε να στείλετε αυτό με φαξ, παρακαλώ;	boreete na steelete afto me fax parakalo
How much is it?	Πόσο κάνει;	poso kanee

shops and services

health&safety

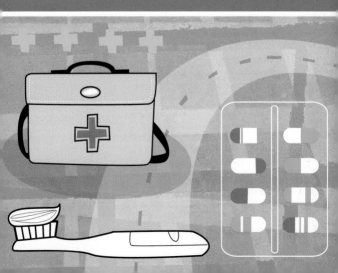

✱ at the chemist's

- Have you got something for...   Έχετε κάτι για...   ehete katee ya...
    - sunburn?   το κάψιμο από τον ήλιο;   to kapseemo apo ton eelio
    - diarrhoea?   τη διάρροια;   tee dheeareea
    - period pains?   τους πόνους της περιόδου;   toos ponoos tees pereeodhoo
    - headaches?   τον πονοκέφαλο;   ton ponokefalo
    - stomach ache?   το στομαχόπονο;   to stomahopono
    - a sore throat?   τον πονόλαιμο;   ton ponolemo

- I need some ... please.   Χρειάζομαι ... παρακαλώ.   hreeazome ... parakalo
    - aspirin   ασπιρίνες   aspeereenes
    - painkillers   αναλγητικά   analyeeteeka
    - insect repellent   ένα εντομοαπωθητικό   ena endomoapotheeteeko
    - suntan lotion   ένα αντηλιακό   ena anteeleeako
    - condoms   προφυλακτικά   profeelakteeka
    - shampoo   ένα σαμπουάν   ena sampooan
    - deodorant   ένα αποσμητικό   ena aposmeeteeko
    - toothpaste   μία οδοντόκρεμα   meea odhondokrema
    - tampons   ταμπόν   tabon
    - sanitary towels   σερβιέτες   servietes
    - toilet paper   χαρτί τουαλέτας   hartee tooaletas

- Can you make up this prescription, please?   Μπορείτε να μου δώσετε τα φάρμακα που έχει γράψει ο γιατρός, παρακαλώ;   boreete na moo dhosete ta farmaka poo ehee grapsee o yatros parakalo

* at the doctor's
(see **medical complaints and conditions**, page 133)

YOU MAY WANT TO SAY...

I need a doctor (who speaks English).	Χρειάζομαι ένα γιατρό (που μιλάει Αγγλικά).	hreeazome ena yatro (poo meelaee angleeka)
Can I make an appointment for...	Μπορώ να κλείσω ραντεβού για...	boro na kleeso randevoo ya...
today?	σήμερα;	seemera
tomorrow?	αύριο;	avreeo
I've run out of my medication.	Μου τέλειωσε το φάρμακό μου.	moo teleeose to farmako moo
I'm on medication for...	Παίρνω φάρμακα για...	perno farmaka ya...
I've had a typhoid jab.	Έχω κάνει εμβόλιο για τύφο.	eho kanee emvoleeo ya teefo
He/She has had a ... vaccination.	Έχει κάνει εμβόλιο για...	ehee kanee emvoleeo ya...
polio	πολιομυελίτιδα	poleomeleeteedha
measles	ιλαρά	eelara
mumps	μαγουλάδες	magooladhes
He/She has had the triple MMR vaccination.	Έχει κάνει το τριπλούν.	ehee kanee to treeploon
Can I have a receipt for my health insurance, please?	Μου δίνετε μία απόδειξη για την ασφαλιστική μου εταιρεία, παρακαλώ;	moo dheenete meea apodheeksee ya teen asfaleesteekee moo etereea parakalo

health and safety

131

✳ describing your symptoms

● To indicate where the pain is you can simply point and say Πονάει εδώ *(ponaee edho)* meaning 'It hurts here'. Otherwise you'll need to look up the Greek for the appropriate part of the body (see page 135).

YOU MAY WANT TO SAY...

● I don't feel well.	Δεν αισθάνομαι καλά.	*dhen esthanome kala*
● It's my...	Είναι το .... μου	*eene to ... moo*
● It hurts here.	Πονάει εδώ.	*ponaee edho*
● My ... hurts. stomach	Πονάει το .... μου. στομάχι	*ponaee to ... moo stomahee*
● I've got... a sore throat diarrhoea	Έχω... πονόλαιμο διάρροια	*eho... ponolemo dheeareea*
● I feel dizzy. (m/f)	Νιώθω ζαλισμένος/ ζαλισμένη.	*niotho zaleesmenos/ zaleesmenee*
● I feel sick.	Έχω τάση για εμετό.	*eho tasee ya emeto*
● I can't ... properly. breathe swallow	Δεν μπορώ ... καλά. ν' αναπνεύσω να καταπιώ	*dhen boro ... kala nanapnefso na katapio*
● I've cut myself.	Κόπηκα.	*kopeeka*
● I've burnt myself.	Κάηκα.	*kaeeka*
● I've been sick.	Έκανα εμετό.	*ekana emeto*

* medical complaints and conditions

I am... asthmatic (m/f)	Είμαι... ασθματικός/ ασθματική	*Eeme...* *asthmateekos/* *asthmateekee*
blind (m/f)	τυφλός/τυφλή	*teeflos/teeflee*
deaf (m/f)	κουφός/κουφή	*koofos/koofee*
HIV positive	φορέας του AIDS	*foreas too aids*
diabetic (m/f)	διαβητικός/ διαβητική	*dheeaveeteekos/* *dheeaveeteekee*
pregnant	έγκυος	*engeeos*
a wheelchair user	χρήστης αναπηρικής καρέκλας	*hreestees anapee* *reekees kareklas*
I have difficulty walking.	Δεν μπορώ να περπατήσω καλά.	*dhen boro na* *perpateeso kala*
I am arthritic.	Έχω αρθριτικά.	*eho arthreeteeka*
I have high/low blood pressure	Έχω υψηλή/χαμηλή πίεση.	*eho eepseelee/* *hameelee peesee*
I (m/f) am allergic to...	Είμαι αλλεργικός/ αλλεργική...	*eeme alleryeekos/* *aleryeekee...*
nuts	στους ξηρούς καρπούς	*stoos kseeroos* *karpoos*
dairy products	στα γαλακτομικά	*sta galaktomeeka*
antibiotics	στα αντιβιοτικά	*sta andeeveeoteeka*
penicillin	στην πενικιλίνη	*steen peneekee-* *leenee*
cortisone	στην κορτιζόνη	*steen korteezonee*
I suffer from... hayfever	Υποφέρω από... αλλεργία στη γύρη	*eepofero apo...* *alleryeea stee* *yeeree*

medical complaints

YOU MAY HEAR...

Greek	Pronunciation	English
Πού πονάει;	poo ponaee	Where does it hurt?
Παίρνετε φάρμακα;	pernete farmaka	Are you on medication?
Πρέπει να σας βάλω θερμόμετρο.	prepee na sas valo thermometro	I need to take your temperature.
Γδυθείτε, παρακαλώ.	gdheetheete parakalo	Get undressed, please.
Ξαπλώστε εκεί, παρακαλώ.	ksaploste ekee parakalo	Lie down over there, please.
Δεν είναι τίποτα σοβαρό.	dhen eene teepota sovaro	It's nothing serious.
Έχετε πάθει μόλυνση.	ehete pathee moleensee	You've got an infection.
Έχει μολυνθεί.	ehee moleenthee	It's infected.
Χρειάζομαι... δείγμα αίματος δείγμα ούρων	hreeazome... dheegma ematos dheegma ooron	I need... a blood sample a urine sample
Χρειάζεται να κάνετε ακτινογραφία.	hreeazete na kanete aktinografeea	You need an X-ray.
Θα σας κάνω μία ένεση.	tha sas kano meea enesee	I'm going to give you an injection.
Πάρτε αυτό (τρεις) φορές την ημέρα.	parte afto (trees) fores teen eemera	Take this (three) times a day.
Πρέπει να ξεκουραστείτε.	prepee na ksekoorasteete	You must rest.
Δεν πρέπει να πίνετε αλκοόλ.	dhen prepee na peenete alkool	You mustn't drink alcohol.

Πρέπει να πάτε στο νοσοκομείο.	*prepee na pate sto nosokomeeo*	You need to go to hospital.
Έχετε πάθει θλάση στον...	*ehete pathee thlasee ston...*	You've sprained your...
Έχετε σπάσει ... σας το χέρι	*ehete spasee ... sas to heree*	You've broken your... arm
Έχετε... γρίπη βρογχίτιδα	*ehete... greepee vrogheeteedha*	You've got... flu bronchitis
Είναι καρδιακή προσβολή.	*eene kardheeakee prosvolee*	It's a heart attack.

✱ parts of the body

ankle	αστράγαλος	*astragalos*
appendix	σκωληκοειδής απόφυση	*skoleekoeedhees apofeesee*
arm	χέρι/μπράτσο	*heree/bratso*
artery	αρτηρία	*arteereea*
back	πλάτη/μέση	*platee/mesee*
bladder	(ουροδόχος) κύστη	*(oorodhohos) keestee*
blood	αίμα	*ema*
body	σώμα	*soma*
bone	οστό/κόκαλο	*osto/kokalo*
bottom	οπίσθια	*opeestheea*
bowels	έντερα	*entera*
breast	μαστός/στήθος	*mastos/steethos*

chest	στέρνο/στήθος	*sterno/steethos*
chin	πηγούνι	*peegoonee*
collar bone	κλείδες	*kleedhes*
ear	αυτί	*aftee*
elbow	αγκώνας	*angonas*
eye	μάτι	*matee*
face	πρόσωπο	*prosopo*
finger	δάχτυλο	*dhahteelo*
foot	πόδι	*podhee*
genitals	γεννητικά όργανα	*yeneeteeka organa*
hand	χέρι/παλάμη	*heree/palamee*
head	κεφάλι	*kefalee*
heart	καρδιά	*kardheea*
heel	φτέρνα	*fterna*
hip	γοφός	*gofos*
jaw	σαγόνι	*sagoni*
joint	άρθρωση/κλείδωση	*arthrosee/kleedhosee*
kidney	νεφρό	*nefro*
knee	γόνατο	*gonato*
leg	πόδι	*podhee*
ligament	σύνδεσμος	*seendhesmos*
liver	συκώτι	*seekotee*
lung	πνεύμονας	*pnevmonas*
mouth	στόμα	*stoma*
muscle	μυς	*mees*
nail	νύχι	*neehee*
neck	λαιμός	*lemos*
nose	μύτη	*meetee*
penis	πέος	*peos*

rib	πλευρό	*plevro*
shoulder	ώμος	*omos*
skin	δέρμα	*dherma*
spine	σπονδυλική στήλη	*spondheeliki steelee*
stomach	στομάχι	*stomahee*
tendon	τένοντας	*tenondas*
testicle	όρχις	*orhees*
thigh	μηρός	*meeros*
throat	λαιμός	*lemos*
toe	δάχτυλο ποδιού	*dhahteelo podhioo*
tongue	γλώσσα	*glossa*
tonsils	αμυγδαλές	*ameegdhales*
tooth	δόντι	*dhondee*
vagina	κόλπος	*kolpos*
vein	φλέβα	*fleva*
wrist	καρπός	*karpos*

✳ at the dentist's

YOU MAY WANT TO SAY...

I've got toothache.	Έχω πονόδοντο.	*eho ponodhondo*
It really hurts.	Πονάει πολύ.	*ponae polee*
It's my wisdom teeth.	Είναι οι φρονιμίτες μου.	*eene ee froneemeetes moo*
I've lost... a filling a crown/cap	Μου έφυγε... ένα σφράγισμα μία κορώνα/θήκη	*moo efeeye...* *ena sfrayeesma* *meea korona/theeke*

- **I've broken a tooth.** Έσπασα ένα δόντι. *espasa ena dhondee*

- **Can you fix it temporarily?** Μπορείτε να το φτιάξετε προσωρινά; *boreete na to ftiaksete prosoreena*

YOU MAY HEAR...

Greek	Pronunciation	English
Ανοίξτε το στόμα σας.	*aneekste to stoma sas*	Open wide.
Χρειάζεστε σφράγισμα.	*hreeazeste sfrayeesma*	You need a filling.
Πρέπει να κάνετε εξαγωγή/Πρέπει να το βγάλω.	*prepee na kanete eksagoyee/prepee na to vgalo*	I'll have to take it out.
Θα σας κάνω...	*tha sas kano...*	I'm going to give you...
μία ένεση	*meea enesee*	an injection
ένα προσωρινό σφράγισμα	*ena prosoreeno sfrayeesma*	a temporary filling
Θα σας βάλω μία προσωρινή κορώνα.	*tha sas valo meea prosoreenee korona*	I'm going to give you a temporary crown.

* emergencies

● For an ambulance call 166, for the police call 100, and for the fire brigade call 199. In large cities, accident and emergency wards in hospitals are open on different days and at different times. To find the nearest open one, call 166.

YOU MAY SEE...

ανακινήστε πριν τη χρήση	shake before use
για εξωτερική χρήση	for external use
διατηρείται εντός ψυγείου	keep in the refrigerator
έκτακτα/επείγοντα περιστατικά	A&E
ερυθρός σταυρός	red cross
ιατρείον	surgery
ιδιωτική κλινική	private clinic
κλινική	clinic
νοσοκομείο	hospital
πρώτες βοήθειες	first aid
ώρες ιατρείου	surgery times

YOU MAY WANT TO SAY...

I need...	Χρειάζομαι...	*hreeazome...*
a doctor	ένα γιατρό	*ena yatro*
an ambulance	ένα ασθενοφόρο	*ena asthenoforo*
the fire brigade	την πυροσβεστική	*teen peerosvesteekee*
the police	την αστυνομία	*teen asteenomeea*
Immediately!	Αμέσως!	*amesos*
It's very urgent!	Είναι κατεπείγον!	*eene katepeegon*
Help!	Βοήθεια!	*voeetheea*
Please help me!	Παρακαλώ βοηθήστε με!	*parakalo voeetheeste me*
There's a fire!	Φωτιά!	*fotia*

- There's been an accident! — Έγινε ατύχημα! — *eyeene ateeheema*

- I have to use the phone. — Πρέπει να τηλεφωνήσω. — *prepee na teelefoneeso*

- I've lost my... — Έχασα ... μου — *ehasa ... moo*
  - son/daughter — το γιο/την κόρη — *to yio/teen koree*
  - friends — τους φίλους — *toos feeloos*

- Stop! — Σταματήστε! — *stamateeste*

✳ police

YOU MAY WANT TO SAY...

- Sorry, I didn't realise it was against the law. — Συγνώμη, δεν ήξερα πως ήταν παράνομο. — *sygnomee, dhen eeksera pos eetan paranomo*

- Here are my documents. — Ορίστε τα χαρτιά μου. — *oreeste ta hartia moo*

- I haven't got my passport on me. — Δεν έχω το διαβατήριό μου μαζί. — *dhen eho to dhiava-teereeo moo mazee*

- I don't understand. — Δεν καταλαβαίνω. — *dhen katalaveno*

- I'm innocent. (m/f) — Είμαι αθώος/αθώα. — *eeme athoos/athoa*

- I need a lawyer (who speaks English). — Χρειάζομαι ένα δικηγόρο (που μιλάει Αγγλικά). — *hreeazome ena dheekeegoro (poo meelaee angleeka)*

- I want to contact my... — Θέλω να έρθω σ' επαφή με... μου. — *thelo na ertho sepafee me ... moo*
  - embassy — την πρεσβεία — *teen presveea*
  - consulate — το προξενείο — *to prokseneeo*

YOU MAY HEAR...

Πρέπει να πληρώσετε πρόστιμο.	*prepee na pleerosete prosteemo*	You have to pay a fine.
Τα χαρτιά σας, παρακαλώ.	*ta hartia sas parakalo*	Your documents, please.
Είστε υπό κράτηση.	*eeste eepo krateesee*	You're under arrest.

✳ reporting crime

YOU MAY WANT TO SAY...

I want to report a theft.	Θέλω να καταγγείλω μία κλοπή.	*thelo na katangeelo meea klopee*
My ... has been stolen.	Μου έκλεψαν....	*moo eklepsan...*
purse/wallet	το πορτοφόλι	*to portofolee*
passport	το διαβατήριο	*to dheeavateereeo*
bag	την τσάντα	*teen tsanda*
Our car has been stolen.	Μας έκλεψαν το αυτοκίνητο.	*mas eklepsan to aftokeeneeto*
Our car has been broken into.	Διέρρηξαν το αυτοκινητό μας.	*dheereeksan to aftokeeneeto mas*
I've lost my...	Έχασα ... μου	*ehasa ... moo*
credit cards	τις πιστωτικές κάρτες	*tees peestoteekes kartes*
luggage	τις βαλίτσες	*tees valeetses*
I've been mugged.	Με λήστεψαν.	*me leestepsan*
I've been attacked.	Μου επιτέθηκαν.	*moo epeetetheekan*

YOU MAY HEAR...

Πότε συνέβη;	pote seenevee	When did it happen?
Πού;	poo	Where?
Τι συνέβη;	tee seenevee	What happened?
Πώς έμοιαζε;	pos emiaze	What did he/she look like?
Πώς έμοιαζαν;	pos emiazan	What did they look like?

YOU MAY WANT TO SAY...

It happened...	Συνέβη...	seenevee...
just now	μόλις τώρα	molees tora
(10 minutes) ago	πριν (δέκα λεπτά)	preen (dheka lepta)
on the beach	στην παραλία	steen paraleea

He/she had...	Είχε...	eehe...
dark/blonde hair	σκούρα/ξανθά μαλλιά	skoora/ksantha malia
a knife	μαχαίρι	maheree

He/she was...	Ήταν...	eetan...
tall (m/f)	ψηλός/ψηλή	pseelos/pseelee
young (m/f)	νεαρός/νεαρή	nearos/nearee
short (m/f)	κοντός/κοντή	kondos/kondee

He/she was wearing...	Φορούσε...	foroose...
jeans	τζιν παντελόνι	tzeen pandelonee
a (red) shirt	(κόκκινο) πουκάμισο	(kokeeno) pookameeso

basic grammar

✳ stress

All words, except for those of one syllable, e.g. για *(ya)* and με *(me)*, have an accent. The accent shows where the emphasis is, e.g. 'Good morning' is καλημέρα *(kaleemera)*, 'taxi' is ταξί *(taksee)*; the imitated pronunciation in brackets shows the position of the stress by a vowel sound in bold.

✳ articles (a, an, the)

The Greek definite article 'the' and the indefinite article 'a/an' have three genders: masculine (ο, ένας), feminine (η, μία) and neuter (το, ένα).

✳ nouns

Nouns also have three genders – masculine, feminine or neuter – which have to agree with their articles. Most masculine nouns end in -ος, -ας, -ης or -ες. Most feminine nouns end in -α, -η (and less commonly -ος). Most neuter nouns end in -ο, -ι, -μα (and less commonly -ος).

Nouns in the dictionary are given with a letter in brackets (m, f, n) to show their gender. Nouns have the endings shown above when they are the subject of a sentence (called the nominative case). When the noun is the object (the accusative case), masculine nouns drop the final -ς; feminine and neuter nouns with the above endings remain the same.

Noun endings (and articles) also change to show possession (the genitive case). Masculine nouns change to -ου, -η, -α, or -ε; feminine nouns change to -ας or -ης; neuter nouns change to -ου, -ιου, -ατος or -ους.

NOMINATIVE	ACCUSATIVE	GENITIVE	
masculine			
ο γιατρός	το γιατρό	του γιατρού	(doctor)
ο άντρας	τον άντρα	του άντρα	(man/husband)
ο μαθητής	το μαθητή	του μαθητή	(student)
ο καφές	τον καφέ	του καφέ	(coffee)
feminine			
η γυναίκα	τη γυναίκα	της γυναίκας	(woman/wife)
η πορτοκαλάδα	την πορτοκαλάδα	της πορτοκαλάδας	(orangeade)
η κόρη	την κόρη	της κόρης	(daughter)
η οδός	την οδό	της οδού	(street)
neuter			
το παγωτό	το παγωτό	του παγωτού	(ice-cream)
το παιδί	το παιδί	του παιδιού	(child)
το γράμμα	το γράμμα	του γράμματος	(letter)
το λάθος	το λάθος	του λάθους	(mistake)

For example:
ο άντρας (the man) – η βαλίτσα του άντρα (the man's
suitcase); η γυναίκα (the woman) – το καπέλο της
γυναίκας (the woman's hat); το παγωτό (the ice-cream)
– τη γεύση του παγωτού (the flavour of the ice-cream).

When you address a person directly, you use the vocative
case. Similar to the accusative, you drop the final -ς from
masculine words, e.g. Κώστα, τι κάνεις; (Kosta, how are
you?) instead of Kostas. Masculine nouns ending in -ος,
such as κύριος (Mr) have a different form ending in -ε,
e.g. Τι κάνετε κύριε Τάσο; (How are you Mr Taso?).

✳ plurals

The endings of nouns change in the plural. For the nominative case they change as follows:

ENDINGS	EXAMPLES
masculine nouns	
-ος → -οι	ο γιατρός (doctor) → οι γιατροί (doctors)
-ης → -ες	ο μαθητής (student) → οι μαθητές (students)
-ας → -ες	ο άντρας (man/husband) → οι άντρες (men/husbands)
or -αδες	ο μπαμπάς (father) → οι μπαμπάδες (fathers)
-ες → -εδες	ο καφές (coffee) → οι καφέδες (coffees)
feminine nouns	
-α → -ες	η γυναίκα (woman/wife) → οι γυναίκες (women/wives)
or -αδες	η πορτοκαλάδα (orangeade) → οι πορτοκαλάδες (orangeades)
-η → -ες	η κόρη (daughter) → οι κόρες (daughters)
neuter nouns	
-ο → -α	το παγωτό (ice-cream) → τα παγωτά (ice-creams)
-ι → -ια	το παιδί (child) → τα παιδιά (children)
-α → -ατα	το γράμμα (letter) → τα γράμματα (letters)
-ος → -η	το λάθος (mistake) → τα λάθη (mistakes)

✳ adjectives

Like nouns, adjectives have three genders, which must agree with the article and the nouns that they describe. As in English, the adjectives come before the nouns:

ο ξανθός άντρας (the **blonde** man) *masc. sing.*
η ψηλή γυναίκα (the **tall** woman) *fem. sing.*
το όμορφο παιδί (the **pretty** child) *neuter sing.*
οι ζεστοί καφέδες (the **hot** coffees) *masc. pl.*
οι μικρές τσάντες (the **small** bags) *fem. pl.*
τα μεγάλα δωμάτια (the **big** rooms) *neuter pl.*

✳ comparatives and superlatives
(more, the most)

'More' is πιο, and comes before the adjective, e.g:
πιο φτηνός (cheaper)
πιο μικρή (smaller)
πιο νόστιμο (tastier)

'Less' is λιγότερο, e.g:
λιγότερο ακριβός-ή-ό (less expensive).

'Than' is από, and is followed by the accusative, e.g:
Το κοτόπουλο είναι πιο φτηνό από το κρέας (The chicken is cheaper than the meat)

You can also form the comparative by taking the adjective and adding -τερος for the masculine, -τερη for the feminine or -τερο for the neuter, e.g:
φτηνότερος (cheaper)
μικρότερη (smaller)
νοστιμότερο (tastier)

The superlative is formed by adding the definite article before the adjective (remember, it should agree with the gender of the adjective) and then the word 'πιο', e.g:
ο πιο φτηνός (the cheapest)
η πιο μικρή (the smallest)
το πιο κρύο (the coldest)

'Better' is καλύτερος-η-ο; 'worse' is χειρότερος-η-ο; and 'bigger' is μεγαλύτερος-η-ο. The adjectives denoting colour take only πιο, e.g: πιο κόκκινος-η-ο (more red).

✳ subject pronouns

εγώ	I
εσύ	you (sing./informal)
αυτός-ή-ό	he, she, it
εμείς	we
εσείς	you (plural/formal)
αυτοί-ές-ά	they (masc./fem./neuter)

These pronouns are not usually used with verbs, since the verb endings show whether it's 'I', 'you', etc. They are mainly used for emphasis or if there is a risk of confusion.

you

In Greek, there are two versions of 'you': the informal, which is used between friends, people of the same age and when addressing children; and the formal, which is used for people you want to show respect to, when you address older people and those in senior positions.

The part of the verb used is the second person singular, and the pronoun is also second person singular e.g: εσύ, σε, εσένα or σου.

The formal way uses the second person plural of the verb and the pronouns, e.g: εσείς, σας or εσάς.

✳ direct object pronouns

There are two kinds of direct object pronouns, called 'weak' and 'strong'.

WEAK FORMS	STRONG FORMS	
με	εμένα/μένα	me
σε	εσένα/σένα	you *(sing./informal)*
το(ν), τη(ν), το	αυτό(ν), αυτή(ν), αυτό	him, her, it
μας	εμάς/μας	us
σας	εσάς/σας	you *(plural/formal)*
τους, τις, τα	αυτούς-ές-ά	them *(masc./fem. neuter)*

Weak forms are used before verbs, e.g:

το θέλω (I want it)

σε περιμένω (I am waiting for you)

Strong forms are used a) after a preposition or b) together with the weak form for emphasis, e.g. προτιμούμε αυτήν (we prefer her), εσένα σε ξέρει; (does he know you?).

The pronouns εμένα, εσένα, εμάς and εσάς lose the initial 'ε' when they come after the prepositions από, σε, για and με (from, to/at/in/on, for, with), e.g. είναι από μας για σας (it is from us to you).

* indirect object pronouns

μου	to me
σου	to you *(singular and informal)*
του, της, του	to him, to her, to it
μας	to us
σας	to you *(plural and formal)*
τους	to them *(all genders)*

These pronouns also serve as possessive pronouns.
They always come after the noun and they are pronounced without a break between the two words, e.g:

το σπίτι σου (your house)

η μητέρα μου (my mother)
το παιδί μας (our child)

✱ verbs

Greek verbs have different endings according to the subject of the verb and the tense.

regular verbs

Many verbs take the same endings as the three common verbs below:

REGULAR VERBS			
	verbs ending in -ω	verbs ending in -άω	verbs ending in -ώ
I	μένω (I live)	μιλάω (I speak)	μπορώ (I can)
you (sing./informal)	μένεις	μιλάς	μπορείς
he/she/it	μένει	μιλάει	μπορεί
we	μένουμε	μιλάμε	μπορούμε
you (plural/formal)	μένετε	μιλάτε	μπορείτε
they	μένουν(ε)	μιλάνε	μπορούν(ε)

the verb 'to be'

This takes the following forms in the present and past tense:

	PRESENT TENSE	PAST TENSE
I	είμαι (I am)	ήμουν(α) (I was)
you (sing./informal)	είσαι	ήσουν(α)
he/she/it	είναι	ήταν(ε)
we	είμαστε	ήμασταν
you (plural/formal)	είστε/είσαστε	ήσασταν
they	είναι	ήταν(ε)

To form the future tense, add 'θα' (shall/will) before the verb, e.g: θα είμαστε (We shall/will be).

The past tense of the verb also means 'I used to'.

some irregular verbs

πάω (I go)
έρχομαι (I come)
ακούω (I hear)
τρώω (I eat)
λέω (I say)

✳ negatives

To make a word negative put 'δεν' meaning 'not' before the verb, e.g: δεν μπορώ (I can't).

If the verb is in the future tense, put 'δεν' before 'θα', e.g: δεν θα είμαι εδώ αύριο (I will not be here tomorrow).

In Greek, two negatives don't cancel each other out, e.g: δεν έχω τίποτα (I don't have anything).

✳ questions

In Greek, a question mark is denoted by the English semicolon (;).

When a question does not begin with a question word (where? how? why? etc.) the word order is the same as it would be in a statement. e.g: σε ξέρω (I know you). By adjusting the intonation of the voice from a falling to a rising cadence, you get a question, e.g: σε ξέρω; (Do I know you?).

English – Greek dictionary

Greek nouns are given with their gender in brackets: (m) for masculine (f), for feminine and (n) for neuter. Nouns that can be either masculine or feminine are marked (m/f).

Adjectives are shown with different endings for masculine, feminine and neuter, e.g. άνετος-η-ο (m-f-n) **comfortable**. A few don't fit this pattern so are shown in full, e.g. πολύς, πολλή, πολύ (m, f, n) **much**.

Other abbreviations: (m/pl) for masculine plural; (f/pl) for feminine plural; (n/pl) for neuter plural; (adj.) for adjective.

There's a list of **car parts** on page 55 and **parts of the body** on page 135. See also the **menu reader** on page 87, and **numbers** on page 12.

A

a, an ένας (m), μία (f), ένα (n) *enas, meea, ena*

abbey μοναστήρι (n) *monasteeree*

about *(relating to)* σχετικά με *sheteeka me (approximately)* περίπου *pereepoo*

above πάνω *pano*

abroad έξω, εξωτερικό (n) *ekso, eksotereeko*

abscess απόστημα (n) *aposteema*

to accept *(take)* δέχομαι *dhehome*

accident ατύχημα (n) *ateeheema*

accommodation κατάλυμα (n) *kataleema*

account *(bank)* λογαριασμός (m) *logariasmos*

ache πόνος (m) *ponos*

across δια μέσου *dheea mesoo (opposite)* απέναντι *apenadee*

acrylic ακρυλικός-ή-ό (m-f-n) *akreeleekos-ee-o*

to act παίζω *pezo*

actor ηθοποιός (m) *eethopeeos*

actress ηθοποιός (f) *eethopeeos*

adaptor μετασχηματιστής (m) *metasheemateestees*

addicted εθισμένος-η-ο (m-f-n) *etheesmenos-ee-o*

address διεύθυνση (f) *dheeftheensee*

admission είσοδος (f) *eesothos*

admission charge τιμή εισόδου (f) *teemee eesothoo*

adopted υιοθετημένος-η-ο (m-f-n) *eeotheteemenos-ee-o*

adult ενήλικος, (m/f) *eneeleekos*

advance δάνειο *thaneeo*

» **in advance** προκαταβολικώς *prokatavoleekos*

advanced *(level)* προχωρημένος-η-ο (m-f-n) *prohoreemenos-ee-o*

advertisement, advertising διαφήμιση (f) *theeafeemeesee*

aerial κεραία (f) *kerea*

aeroplane αεροπλάνο (n) *aeroplano*

afford: I can't afford it είναι ακριβό για μένα *eene akreevo ya mena*

afraid: I'm afraid φοβάμαι *fovame*

after μετά *meta*

» **afterwards** μετά από, έπειτα *meta apo, epeeta*

afternoon μεσημέρι (n) *meseemeree*

again πάλι, ξανά *palee, ksana*

against εναντίον *enandeeon*

age ηλικία (f) *eeleekeea*

agency πρακτορείο (n) *praktoreeo*

ago πριν *preen*

to agree συμφωνώ *seemfono*

AIDS ΕΪΤΖ (n) *aids*

air αέρας (m) *aeras*

» **by air** αεροπορικώς *aeroporeekos*

» **(by) air mail** αεροπορικώς *aeroporeekos*

air conditioning κλιματισμός (m) *kleemateesmos*

airline αεροπορική εταιρεία (f) *aeroporeekee etereea*

airport αεροδρόμιο (n) *aerodromeeo*

aisle διάδρομος (m) *dheeadhromos*

alarm συναγερμός (m) *seenayermos*

» **alarm clock** ξυπνητήρι (n) *kseepneeteeree*

alcohol αλκοόλ, οινόπνευμα (n) *alkool, eenopnevma*

» **alcoholic** (content) αλκοολούχο, οινοπνευματώδες (n) *alkoolooho, eenopnevmatodhes* (person) αλκοολικός-ή-ό (m-f-n) *alkooleekos-ee-o*

all όλοι-ες-α (m-f-n) *olee-es-a*

allergic to αλλεργικός-ή-ό σε (m, f) *alleryeekos-ee-se*

to allow επιτρέπω *epeetrepo*

» **allowed** επιτρέπεται *epeetrepete*

all right (OK) εντάξει *entaksee*

already ήδη *eedhee*

also επίσης *epeesees*

although αν και *an ke*

always πάντα *panda*

ambassador πρέσβης (m/f) *presvees*

ambition φιλοδοξία (f) *feelodhokseea*

ambulance ασθενοφόρο (n) *asthenoforo*

among ανάμεσα σε *anamesa se*

amount (money) ποσό (n) *poso*

amusement park λούνα παρκ (n) *loona park*

anaesthetic (local) τοπικό αναισθητικό (n) *topeeko anestheeteeko* (general) γενικό αναισθητικό (n) *yeneeko anestheeteeko*

and και *ke*

angry θυμωμένος-η-ο (m-f-n) *theemomenos-ee-o*

animal ζώο (n) *zoo*

ankle αστράγαλος (m) *astragalos*

anniversary επέτειος (f) *epeteeos*

annoyed ενοχλημένος-η-ο (m-f-n) *enohleemenos-ee-o*

answer απάντηση (f) *apandeesee*

» **to answer** απαντώ *apando*

antibiotic αντιβιοτικό (n) *andeeveeoteeko*

antifreeze αντιψυκτικό (n) *andeepseekteeko*

antique αντίκα (f) *andeeka*

antiseptic αντισηπτικό (n) *andeeseepteeko*

anxious ανήσυχος-η-ο (m-f-n) *aneeseehos-ee-o*

any κανένας (m), καμία (f), κανένα (n) *kanenas, kameea, kanena*

anyone κανένας, καμία (m, f) *kanenas, kameea*

anything κανένα, τίποτα (n) *kanena, teepota*

» **anything else** τίποτ' άλλο *teepotalo*

apart (from) εκτός (από) *ektos (apo)*

apartment διαμέρισμα (n) *dheeamereesma*

appendicitis σκωληκοειδίτιδα (f) *skoleekoeedheeteedha*

apple μήλο (n) *meelo*

appointment ραντεβού (n) *randevoo*

approximately περίπου *pereepoo*

arch αψίδα (f) *apseedha*

area περιοχή (f) *pereeohee*

argument διαφωνία (f) *dheeafoneea*

arm χέρι, μπράτσο (n) *heree, bratso*

armbands *(swimming)* μπρατσάκια (n/pl) *bratsakia*

army στρατός (m) *stratos*

around γύρω *yeero*

to arrange *(fix)* κανονίζω *kanoneezo*

arrest: under arrest υπό κράτηση *eepo krateesee*

arrival άφιξη (f) *afeeksee*

» **to arrive** φτάνω *ftano*

art τέχνη (f) *tehnee*

art gallery γκαλερί (f) *galeree*

arthritis αρθριτικά (n/pl) *arthreeteeka*

artificial τεχνητός-ή-ό (m-f-n) *tehneetos-ee-o*

artist καλλιτέχνης (m/f) *kaleetehnees*

as *(like)* όπως, σαν *opos, san*

ash στάχτη (f) *stahtee*

ashtray τασάκι (n) *tasakee*

to ask ρωτώ *roto*

aspirin ασπιρίνη (f) *aspeereenee*

assistant βοηθός (m/f) *voeethos*

asthma άσθμα (n) *asthma*

at σε *se*

athletics αθλητισμός (m) *athleeteesmos*

atmosphere ατμόσφαιρα (f) *atmosfera*

to attack επιτίθεμαι *epeeteetheme (mug)* ληστεύω *leestevo*

attendant *(bathing)* ναυαγοσώστης *navagosostees*

attractive ελκυστικός-ή-ό (m-f-n) *elkeesteekos-ee-o*

auction πλειστηριασμός (m) *pleesteereeasmos*

aunt θεία (f) *theea*

author συγγραφέας (m/f) *seengrafeas*

automatic αυτόματο-η-ο (m-f-n) *aftomato-ee-o*

autumn φθινόπωρο (n) *ftheenoporo*

to avoid αποφεύγω *apofevgo*

awful τρομερός-ή-ό (m-f-n) *tromeros-ee-o*

B

baby μωρό (n) *moro*

» **baby food** βρεφική τροφή (f) *vrefeekee trofee*

» **baby wipes** μαντηλάκια καθαρισμού για μωρά *mandeelakia kathareesmoo ya mora*

baby's bottle μπιμπερό (n) *beebero*

babysitter μπέιμπι-σίτερ (f) *baby sitter*

back *(reverse side)* πίσω πλευρά (f) *peeso plevra*

back: at the back από πίσω *apo peeso*

bacon μπέικον (n) *bacon*

bad κακός-ή-ό (m-f-n) *kakos-ee-o*

bag τσάντα (f) *tsanda*

baggage βαλίτσες (f/pl) *valeetses*

baker's φούρνος (m) *foornos*

balcony *(theatre, etc.)* εξώστης (m) *eksostees*

bald φαλακρός-ή-ό (m-f-n) *falakros-ee-o*

ball μπάλα (f) *bala*

ballet μπαλέτο (n) *baleto*

banana μπανάνα (f) *banana*

band *(music)* συγκρότημα (n) *seengroteema*

bandage επίδεσμος (m) *epeedhesmos*

bank *(money)* τράπεζα (f) *trapeza*

bar μπαρ (n) *bar*

barber's κουρείο (n) *kooreeo*

bargain ευκαιρία (f) *efkereea*

basement υπόγειο (n) *eepoyeeo*

basin νιπτήρας *neepteeras*

basket καλάθι (n) *kalathee*

basketball μπάσκετ (n) *basket*

bath μπάνιο (n) *banio*

» **to have a bath** κάνω μπάνιο *kano banio*

» **to bathe** κάνω μπάνιο *kano banio*

bathing costume μαγιό (n) *mayo*

bathroom μπάνιο, λουτρό (n) *banio, lootro*

battery μπαταρία (f) *batareea*

bay κόλπος (m) *kolpos*

to **be** είμαι *eeme*

beach πλαζ, παραλία (f) *plaz, paraleea*

beans φασόλια (n/pl) *fasolia*

beard γένι (n) *yenee*

beautiful ωραίος-α-ο (m-f-n) *oreos-a-o*

because γιατί, επειδή *yatee, epeedhee*

bed κρεβάτι (n) *krevatee*

bedroom κρεβατοκάμαρα (f) *kreavatokamara*

bee μέλισσα (f) *meleesa*

beef βοδινό (n) *vodheeno*

beer μπύρα (f) *beera*

before πριν από *preen apo*

to **begin** αρχίζω *arheezo*

beginner αρχάριος-α (m, f) *arhareeos-a*

beginning αρχή (f) *arhee*

behind πίσω από *peeso apo*

beige μπεζ (n) *bez*

to **believe** πιστεύω *peestevo*

bell κουδούνι (n) *koodhoonee*

to **belong to** ανήκω *aneeko*

below κάτω *kato*

belt ζώνη (f) *zonee*

bent στραβός-ή-ό (m-f-n) *stravos-ee-o*

berry καρπός (m) *karpos*

berth (on ship) καμπίνα (f) *kambeena*

besides εξ άλλου *eksaloo*

best ο καλύτερος(m), η καλύτερη (f), το καλύτερο (n) *o kaleeteros, ee kaleeteree, to kaleetero*

better καλύτερος (m), καλύτερη (f), καλύτερο (n) *kaleeteros, kaleeteree, kaleetero*

between μεταξύ *metaksee*

beyond πέρα από *pera apo*

bib σαλιάρα (f) *saliara*

Bible Βίβλος (f) *veevlos*

bicycle ποδήλατο (n) *podheelato*

big μεγάλος-η-ο (m-f-n) *megalos-ee-o*

bigger μεγαλύτερος-η-ο (m-f-n) *megaleeteros-ee-o*

bill λογαριασμός (m) *logariasmos*

bin (rubbish) τενεκές *tenekes*

» **bin liners** σακούλα σκουπιδιών (f) *sakoola skoopeedhion*

binoculars κιάλια (n/pl) *kialia*

bird πουλί (n) *poolee*

birthday γενέθλια (n/pl) *yenethleea*

biscuit μπισκότο (n) *beeskoto*

bit λίγο *leego*

to **bite** δαγκώνω *dhangono*

bitter πικρός-ή-ό (m-f-n) *peekros-ee-o*

black μαύρος-η-ο (m-f-n) *mavros-ee-o*

» **black and white** (film) ασπρόμαυρο (n) *aspromavro*

» **black coffee** σκέτος (m) *sketos*

blackcurrant βατόμουρο (n) *vatomooro*

blanket κουβέρτα (f) *kooverta*

bleach χλωρίνη (f) *hloreenee*

to **bleed** αιμορραγώ *emorago*

blind τυφλός-ή-ό (m-f-n) *teeflos-ee-o*

blister φουσκάλα (f) *fooskala*

to **block** (road) κλείνω (το δρόμο) *kleeno (to dhromo)*

blocked βουλωμένος-η-ο (m-f-n) *voolomenos-ee-o (road)* μπλοκαρισμένος- η-ο (m-f-n) *blokareesmenos-ee-o*

blonde ξανθός-ή-ό (m-f-n) *ksanthos-ee-o*

blood αίμα (n) *ema*

to **blow** φυσάω *feesao*

to **blow-dry** στεγνώνω *stegnono*

blue μπλε (n) *ble*

to **board** επιβιβάζομαι *epeeveevazome*

boarding card κάρτα επιβίβασης (f) *karta epeeveevasees*

boat καράβι, πλοίο (n) *karave, pleeo*

» **boat trip** κρουαζιέρα (f) *krooaziera*

body σώμα (n) *soma*

to **boil** βράζω *vrazo*

boiled egg σφιχτό (αυγό) (n) *sfihto (avgo)*

boiler θερμοσίφωνας (m)

thermoseefonas

bomb βόμβα (f) *vomva*

bone κόκαλο, οστό (n) *kokalo, osto*

book βιβλίο (n) *veevleeo*

to book κλείνω *kleeno*

booking κράτηση (f) *krateesee*

booking office (rail) εκδοτήριο (n) *ekdoteereeo* (theatre) ταμείο (n) *tameeo*

booklet (bus tickets) μπλοκ εισιτηρίων (n) *blok eeseeteereeon*

bookshop βιβλιοπωλείο (n) *veevleeopoleeo*

boot (shoe) μπότα (f) *bota*

border (edge) άκρη (f) *akree* (frontier) σύνορα (n/pl) *seenora*

boring βαρετός-ή-ό (m-f-n) *varetos-ee-o*

both και οι/τα δύο (m/f, n) *ke ee/ta dheeo*

bottle μπουκάλι (n) *bookalee*

bottle opener ανοιχτήρι (n) *aneehteeree*

bottom οπίσθια (n/pl) *opeestheea*

bow (ship) πλώρη (f) *ploree*

bow (knot) φιόγκος (m) *fiongos*

bowl μπολ (n) *bol*

box κουτί (n) *kootee* (theatre) θεωρείο (n) *theoreeo*

box office ταμείο (n) *tameeo*

boy αγόρι (n) *agoree*

boyfriend φίλος (m) *feelos*

bra σουτιέν (n) *sootien*

brain μυαλό (n), εγκέφαλος (m) *mialo, engefalos*

branch (bank, etc.) υποκατάστημα (n) *eepokatasteema*

brand μάρκα (f) *marka*

brandy κονιάκ (n) *koniak*

brass μπρούτζος (m) *brootzos*

brave γενναίος-α-ο (m-f-n) *yeneos-a-o*

bread ψωμί (n) *psomee*

bread roll ψωμάκι (n) *psomakee*

» **wholemeal bread** μαύρο ψωμί (n) *mavro psomee*

to break (inc. limb) σπάω *spao*

to break down παθαίνω βλάβη *patheno vlavee*

breakdown truck ρυμουλκό (n) *reemoolko*

breakfast πρωινό (n) *proeeno*

to breathe αναπνέω *anapneo*

bride νύφη (f) *neefee*

bridegroom γαμπρός (m) *gambros*

bridge γέφυρα (f) *yefeera*

briefcase χαρτοφύλακας (m) *hartofeelakas*

to bring φέρνω *ferno*

British Βρετανός, Βρετανίδα (m, f) *vretanos, vretaneedha*

brochure μπροσούρα (f) *brosoora*

broken σπασμένος-η-ο (m-f-n) *spasmenos-ee-o*

bronchitis βρογχίτιδα (f) *vronheeteedha*

brother αδελφός (m) *adhelfos*

brother-in-law γαμπρός (m), κουνιάδος (m) *gambros, kooniadhos*

brown καφέ (n) *kafe*

bruise μελανιά (f) *melania*

buffet μπουφέ (n), κυλικείο (n) *boofe, keeleekeeo*

to build χτίζω *hteezo*

builder χτίστης (m), οικοδόμος (m) *hteestees, eekodhomos*

building κτίριο (n) *kteereeo*

building site οικοδομή (f) *eekodhomee*

bulb (light) λάμπα (f) *lamba*

bull ταύρος (m) *tavros*

burn (on skin) έγκαυμα, κάψιμο (n) *egavma, kapseemo*

burnt (food) καμένος-η-ο (m-f-n) *kamenoos-ee-o*

bus λεωφορείο (n) *leoforeeo*

» **by bus** με το λεωφορείο *me to leoforeeo*

bus-driver οδηγός λεωφορείου (m) *odheegos leoforeeoo*

business επιχείρηση (f) *epeeheereesee*

» **business trip** επαγγελματικό ταξίδι (n) *epagelmateeko takseedee*

» **on business** σε δουλειά *se dhoolia*

businessman/woman επιχειρηματίας (m/f) *epeeheereemateeas*

bus station σταθμός λεωφορείων (m) *stathmos leoforeeon*

bus stop στάση λεωφορείου (f) *stasee leoforeeoo*

busy απασχολημένος-η-ο (m-f-n) *apasholeemenos-ee-o*

but αλλά *ala*

butane gas πετρογκάζ (n) *petrogaz*

butcher's χασάπικο (n) *hasapeeko*

butter βούτυρο (n) *vooteero*

to buy αγοράζω *agorazo*

by *(author etc.)* του, της, του (m, f, n) *too, tees, too*

C

cabin καμπίνα (f) *kambeena*

cable car τελεφερίκ (n) *telefereek*

café καφετέρια (f) *kafetereea*

cake κέικ (n), πάστα (f) *keek, pasta*

cake shop ζαχαροπλαστείο (n) *zaharoplasteeo*

calculator κομπιουτεράκι (n) *kompiootererakee*

to call *(phone)* τηλεφωνώ *teelefono*

» **to be called** ονομάζομαι *onomazome*

calm ήρεμος-η-ο (m-f-n) *eeremos-ee-o*

camera φωτογραφική μηχανή (f) *fotografeekee meehanee*

to camp κάνω κάμπινγκ *kano kambeeng*

» **camp bed** ράντζο (n) *rantzo*

» **camping** κάμπινγκ (n) *kambeeng*

» **camping gas** πετρογκάζ (n) *petrogaz*

campsite κάμπινγκ (n) *kambeeng*

can *(to be able)* μπορώ *boro*

can *(tin)* κονσέρβα (f) *konserva (petrol)* δοχείο πετρελαίου (n) *dhoheeo petreleoo*

» **can opener** ανοιχτήρι (n) *aneehteeree*

to cancel ακυρώνω *akeerono (an appointment)* ακυρώνω *akeerono*

cancer καρκίνος (m) *karkeenos*

candle κερί (n) *keree*

canoe κανό *kano*

capital *(city)* πρωτεύουσα (f) *protevoosa*

captain *(boat)* καπετάνιος (m) *kapetanios*

car αυτοκίνητο (n) *aftokeeneeto*

» **by car** με το αυτοκίνητο *me to aftokeeneeto*

» **car hire** ενοικίαση αυτοκινήτου (f) *eneekeeasee aftokeeneetoo*

» **car park** πάρκινγκ (n) *parkeeng*

carafe καράφα (f) *karafa*

caravan τροχόσπιτο (n) *trohospeeto*

» **caravan site** κάμπινγκ για τροχόσπιτα (n) *kampeeng ya trohospeeta*

care: I don't care νοιάζομαι: δεν με νοιάζει *niazome: dhen me niazee*

career καριέρα (f) *karee/era*

careful προσεκτικός-ή-ό (m-f-n) *posekteekos-ee-o*

carpenter ξυλουργός (m) *kseeloorgos*

carpet *(fitted)* μοκέτα (f) *moketa*

carriage *(rail)* βαγόνι (n) *vagonee*

carrier bag σακούλα (f) *sakoola*

to carry κουβαλώ *koovalo*

to carry on *(walking/driving)* συνεχίζω *seeneheezo*

car wash πλυντήριο αυτοκινήτων (n) *pleendeereeo aftokeeneeton*

case: in case σε περίπτωση που *se pereeptosee poo*

cash μετρητά (n/pl) *metreeta*

» **to pay cash** πληρώνω μετρητά *pleerono metreeta*

» **to cash** εξαργυρώνω *eksaryeerono*

» **cash desk, cashier** ταμείο (n) *tameeo*

cassette κασέτα (f) *kaseta*

castle κάστρο (n) *kastro (fortress)* φρούριο (n) *frooreeo*

cat γάτα (f) *gata*

catalogue κατάλογος (m) *katalogos*

to catch *(train/bus)* προλαβαίνω *prolaveno*

cathedral μητρόπολη (f) *meetropolee*

Catholic καθολικός-ή-ό (m-f-n) *katholeekos-ee-o*

to cause προκαλώ *prokalo*

caution προσοχή (f) *prosahee*

cave σπηλιά (f) *speelia*

CD CD (n) *cd*

» **CD-ROM** μνήμη *mneemee*

ceiling ταβάνι (n) *tavanee*

cellar υπόγειο (n), κάβα (f) *eepoyeeo, kava*

central κεντρικός-ή-ό (m-f-n) *kendreekos-ee-o*

central heating κεντρική θέρμανση (f) *kendreekee thermansee*

centre κέντρο (n) *kendro*

century αιώνας (m) *eonas*

CEO διευθυντής *dhee/eftheendees*

certain βέβαιος-α-ο (m-f-n) *veveos-a-o*

certificate πιστοποιητικό (n) *peestopee/ eeteeko*

chain αλυσίδα (f) *aleeseedha*

chair καρέκλα (f) *karekla*

» **chair lift** τελεφερίκ (n) *telefereek*

champagne σαμπάνια (f) *sampania*

change *(small coins)* ψιλά (n/pl) *pseela*

» **to change** *(clothes, money, trains)* αλλάζω *alazo*

changing room δοκιμαστήριο (n) *dhokeemasteereeo*

chapel παρεκκλήσι (n) *parekleesee*

charge *(money)* τιμή (f) *teemee*

charter flight τσάρτερ (n) *tsarter*

cheap φτηνός-ή-ό (m-f-n) *fteenos-ee-o*

to check ελέγχω *elengho*

check-in *(desk)* έλεγχος εισιτηρίων (m) *elenghos eeseeteereeon*

» **to check in** περνώ από τον έλεγχο εισιτηρίων *perno apo ton elengho eeseeteereeon*

cheeky θρασύς-εία-ύ (m-f-n) *thrasees-eea-ee*

cheers! στην υγειά σας! *steen eeya sas*

cheese τυρί (n) *teeree*

chef μάγειρας (m) *mayeeras*

chemist φαρμακοποιός (m), χημικός (m) *farmakopeeos, heemeekos*

chemistry χημεία (f) *heemeea*

cheque επιταγή (f) *epeetayee*

chess σκάκι (n) *skakee*

chicken κοτόπουλο (n) *kotopoolo*

chickenpox ανεμοβλογιά (f) *anemovloya*

child παιδί (n) *pedhee*

children παιδιά (n/pl) *pedhia*

china πορσελάνη (f) *porselanee*

chips πατάτες τηγανητές (f/pl) *patates teeganeetes*

chocolate σοκολάτα (f) *sokolata*

to choose διαλέγω *dheealego*

Christian χριστιανός-ή (m-f) *hreestianos-ee*

» **Christian name** μικρό όνομα (n) *meekro onoma*

Christmas Χριστούγεννα (n/pl) *hreestooyena*

» **Christmas Day** Ημέρα των Χριστουγέννων (f) *eemera ton hreestooyenon*

» **Christmas Eve** Παραμονή Χριστουγέννων (f) *paramonee hreestooyenon*

church εκκλησία (f) *ekleeseea*

cigar πούρο (n) *pooro*

cigarette τσιγάρο (n) *tseegaro*

» **cigarette paper** χαρτί για στριφτό τσιγάρο (n) *hartee ya streefto tseegaro*

cinema κινηματογράφος (m), σινεμά (n) *keeneematografos, seenema*

city πόλη (f) *polee*

class τάξη (f) *taksee*

classical music κλασική μουσική (f) *klaseekee mooseekee*

claustrophobia κλειστοφοβία (f) *kleestofoveea*

to clean καθαρίζω *kathareezo*

clean καθαρός-ή-ό (m-f-n) *katharos-ee-o*

cleaner καθαρίστρια (f) *kathareestrea*

clear καθαρός-ή-ό (m-f-n) katharos-ee-o

clerk υπάλληλος (m/f) eepaleelos

clever έξυπνος-η-ο (m-f-n) ekseepnos-ee-o

cliff γκρεμός (m) gremos

climate κλίμα (n) kleema

to climb σκαρφαλώνω skarfalono

climber ορειβάτης (m) oreevatees

clinic κλινική (f) kleeneekee

cloakroom γκαρνταρόμπα (f) garndaromba

clock ρολόι (n) roloee

close (by) κοντά konda

» to close κλείνω kleeno

closed κλειστός-ή-ο (m-f-n) kleestos-ee-o

cloth ύφασμα, πανί (n) eefasma, panee

clothes ρούχα (n/pl) rooha

cloudy συννεφιασμένος-η-ο (m-f-n) seenefiasmenos-ee-o

club κλαμπ (n) klamb

coach πούλμαν (n) poolman (railway) βαγόνι (n) vagonee

coal κάρβουνο (n) karvoono

coast ακτή (f) aktee

coat παλτό (n) palto

coat-hanger κρεμάστρα (f) kremastra

cocktail κοκτέιλ (n) kokteel

coffee καφές (m) kafes

coin κέρμα (n) kerma

cold κρύος-α-ο (m-f-n) kreeos-a-o

» to have a cold είμαι κρυωμένος-η eeme kreeomenos-ee

collar κολάρο (n) kolaro

colleague συνάδελφος (m/f) seenadhelfos

to collect συλλέγω seelego

collection (e.g. stamps) συλλογή (f) seeloyee (rubbish) συλλογή σκουπιδιών (f) seeloyee skoopeedhion

college κολέγιο (n) koleyeeo

colour χρώμα (n) hroma

colour-blind έχω αχρωματοψία eho ahromatopseea

colour-fast ξεβάφει ksevafee

comb χτενίζω hteneezo

to come έρχομαι erhome

» to come back γυρίζω, επιστέφω yeereezo, epeestrefo

» to come in μπαίνω beno

» to come off (e.g. button) φεύγω fevgo

comedy κωμωδία (f) komodheea

comfortable άνετος-η-ο (m-f-n) anetos-ee-o

comic (magazine) κόμικς (n/pl) komiks

commercial εμπορικός-ή-ό (m-f-n) emboreekos-ee-o

common (usual) συνηθισμένος-η-ο (m-f-n) seeneetheesmenos-ee-o (shared) κοινός-ή-ό (m-f-n) keenos-ee-o

communism κομμουνισμός (m) komooneesmos

company εταιρεία, συντροφιά (f) etereea, seendrofia

compared with σε σύγκριση με se seengreesee me

compartment διαμέρισμα (n) dheeamereesma

compass πυξίδα (f) peekseedha

to complain παραπονιέμαι paraponieme

» complaint παράπονο (n) parapono

complicated περίπλοκος-η-ο (m-f-n) pereeplokos-ee-o

compulsory υποχρεωτικός-ή-ό (m-f-n) eepohreoteekos-ee-o

composer συνθέτης (m) seenthetees

computer υπολογιστής (m) eepoloyeestees

» computer programmer προγραμματιστής (m) programateestees

» computer science τομέας πληροφορικής (m) tomeas pleeroforeekees

concert συναυλία (n) seenavleea

» concert hall αίθουσα συναυλιών (f) ethoosa seenavleeon

concussion διάσειση (f) *dheeaseesee*

condition *(state)* κατάσταση (f) *katastasee*

conditioner κρέμα μαλλιών (f) *krema malion*

condom προφυλακτικό (n) *profeelakteeko*

conference συνέδριο (n) *seenedhreeo*

confirm επιβεβαιώνω *epeeveveono*

conjunctivitis επιπεφυκίτιδα *epeepefeekeeteedha*

connection σύνδεση, ανταπόκριση (f) *seendhesee, andapokreesee*

constipation δυσκοιλιότητα (f) *dheeskeeleeoteeta*

consulate προξενείο (n) *prokseneeo*

contact lens φακός (m) *fakos*

contact lens cleaner καθαριστικό φακών (n) *kathareesteeko fakon*

contraceptive αντισυλληπτικό (n) *andeeseeleepteeko*

contract συμβόλαιο (n) *seemvoleo*

control *(passport)* Έλεγχος διαβατηρίων (m) *elenhos dheeavateereeon*

convent μοναστήρι (n) *monasteeree*

convenient βολικός-ή-ό (m-f-n) *voleekos-ee-o*

cook μάγειρας (m) *mayeeras*
» to cook μαγειρεύω *mayerevo*
» cooked μαγειρεμένος-η-ο (m-f-n) *mayeeremenos-ee-o*

cooker κουζίνα (f) *koozeena*

cool δροσερός-ή-ό (m-f-n) *dhroseros-ee-o*

corkscrew κατσαβίδι (n) *katsaveedhee*

corner *(outside)* γωνία (f) *gonea*

correct σωστός-ή-ό (m-f-n) *sostos-ee-o*

corridor διάδρομος (m) *dheeadhromos*

cosmetics καλλυντικά (n/pl) *kaleendeeka*

to cost κάνει, στοιχίζει *kanee, steeheezee*

cot κρεβατάκι (n) *krevatakee*

cotton *(material)* βαμβακερός-ή-ό

(m-f-n) *vamvakeros-ee-o* *(thread)* κλωστή (f) *klostee*

cotton wool βαμβάκι (n) *vamvakee*

couchette κουκέτα (f) *kooketa*

cough βήχας (m) *veehas*
» to cough βήχω *veeho*

to count μετρώ *metro*

counter *(post office)* πάγκος (m) *pangos*

country χώρα (f) *hora*

country(side) εξοχή (f), ύπαιθρος (f) *eksohee, eepethros*

couple *(pair)* ζευγάρι (n) *zevgaree*

course *(lessons)* κύκλος μαθημάτων (m) *keeklos matheematon*

court *(law)* δικαστήριο (n) *dheekasteereeo (tennis)* γήπεδο τένις (n) *yeepedho tenees*

cousin ξάδελφος,-η (m-f) *ksadhelfos-ee*

cover *(lid)* καπάκι (n) *kapakee*

cow αγελάδα (f) *ayeladha*

crazy τρελός,-ή-ό (m-f-n) *trelos-ee-o*

cream κρέμα (f) *krema (lotion)* υδατική κρέμα (f) *eedhateekee krema (colour)* κρεμ (n) *krem*

credit card πιστωτική κάρτα (f) *peestoteekee karta*

cross σταυρός (m) *stavros*
» Red Cross Ερυθρός Σταυρός (m) *ereethros stavros*
» to cross *(border)* περνώ *perno*

crossing *(sea)* ταξίδι (n) *takseedhee*

crossroads σταυροδρόμι (n) *stavrodhromee*

crowd πλήθος (n) *pleethos*

crowded γεμάτος,-η-ο (m-f-n) *yematos-ee-o*

crown κορώνα (f) *korona*

cruise κρουαζιέρα (f) *krooaziera*

crutch πατερίτσα (f) *patereetsa*

to cry κλαίω *kleo*

crystal κρύσταλο (n) *kreestalo*

cup φλυτζάνι (n) *fleetzanee*

cupboard ντουλάπι (n) *doolapee*

cure *(remedy)* θεραπεία (f) *therapeea*

» **to cure** θεραπεύω *therapevo*
curler (hair) μπικουτί (n) *bikootee*
curly σγουρός-ή-ό (m-f-n) *sgooros-ee-o*
current ρεύμα (n) *revma*
curry κάρι, ινδικό (n) *karee, indheeko*
curtain κουρτίνα (f) *koorteena*
curve καμπύλη (f) *kambeelee*
cushion μαξιλάρι (n) *makseelaree*
customs τελωνείο (n) *teloneeo*
cut κόψιμο (n) *kopseemo*
» **to cut** κόβω *kovo*
» **to cut oneself** κόβομαι *kovome*
cutlery μαχαιροπήρουνα (n/pl) *maheropeeroona*
cycling ποδηλασία (f) *podheelaseea*
cyclist ποδηλάτης (m) *podheelatees*
cystitis κυστίτιδα (f) *keesteeteedha*

D

daily καθημερινός-ή-ό (m-f-n) *katheemereenos-ee-o*
damage ζημιά (f) *zeemia*
» **to damage** κάνω ζημιά *kano zeemia*
damp υγρασία (f) *eegraseea*
dance χορός (m) *horos*
» **to dance** χορεύω *horevo*
danger κίνδυνος (m) *keendheenos*
dangerous επικίνδυνος-η-ο (m-f-n) *epeekeedheenos-ee-o*
dark σκοτεινός-ή-ό (m-f-n) *skoteenos-ee-o*
date (day) ημερομηνία (f) *eemeromeeneea*
daughter κόρη (f) *koree*
daughter-in-law νύφη (f) *neefee*
day μέρα (f) *mera*
» **day after tomorrow** μεθαύριο *methavreo*
» **day before yesterday** προχτές *prohtes*
dead νεκρός-ή-ό (m-f-n) *nekros-ee-o*
deaf κουφός-ή-ό (m-f-n) *koofos-ee-o*
dealer εμπορικός αντιπρόσωπος (m) *emboreekos andeeprosopos*

dear (loved) αγαπημένος-η-ο (m-f-n) *agapeemenos-ee-o* (expensive) ακριβός-ή-ό (m-f-n) *akreevos-ee-o*
death θάνατος (m) *thanatos*
debt χρέος (n) *hreos*
decaffeinated ντεκαφεϊνέ *dekafeene*
to decide αποφασίζω *apofaseezo*
deck κατάστρωμα (n) *katastroma*
deckchair ξαπλώστρα (f) *ksaplostra*
to declare δηλώνω *dheelono*
deep βαθύς-ιά-ύ (m-f-n) *vathees-ia-ee*
defect ελάττωμα (n) *elatoma*
defective ελαττωματικός-ή-ό (m-f-n) *elatomateekos-ee-o*
definitely οπωσδήποτε *oposdheepote*
to defrost ξεπαγώνω *ksepagono*
delay καθυστέρηση (f) *katheestereesee*
delicate λεπτεπίλεπτος-η-ο (m-f-n) *leptepeeleptos-ee-o*
delicious πεντανόστιμος-η-ο (m-f-n) *pendanosteemos-ee-o*
to deliver παραδίνω *paradheeno*
delivery παράδοση (f) *paradhosee*
denim τζιν (n) *tzeen*
dentist οδοντίατρος (m) *odhonteeatros*
denture μασέλα (f) *masela*
deodorant αποσμητικό (n) *aposmeeteeko*
department τμήμα (n) *tmeema*
» **department store** πολυκατάστημα (n) *poleekatasteema*
departure (bus, car, train, plane) αναχώρηση (f) *anahoreesee*
departure lounge αίθουσα αναχωρήσεων (f) *ethoosa anahoreeseon*
deposit προκαταβολή (f) *prokatavolee*
to describe περιγράφω *perigrafo*
desert έρημος (f) *ereemos*
design σχέδιο (n) *shedheeo* (dress) μοντέλο (n) *mondelo*
» **to design** σχεδιάζω *shedheeazo*

designer σχεδιαστής-στρια (m-f)
  shedheeastees-streea

dessert επιδόρπιο (n) *epeedhorpeeo*

destination προορισμός (m) *pro/oreesmos*

detergent απορρυπαντικό (n)
  aporeepandeeko

to **develop** εμφανίζω *emfaneezo*

diabetes (m) διαβήτης *dheeaveetees*

diabetic διαβητικός-ή-ό (m-f-n)
  dheeaveeteekos-ee-o

to **dial** πέρνω, γυρίζω *perno, geereezo*

diarrhoea διάρροια (f) *dheearea*

dictionary λεξικό (n) *lekseeko*

to **die** πεθαίνω *petheno*

  died πέθανε *pethane*

diesel ντήζελ (n) *deezel*

differently διαφορετικά *dhiaforeteeka*

difficult δύσκολος-η-ο (m-f-n)
  dheeskolos-ee-o

digital ψηφιακός-ή-ό (m-f-n)
  pseefeeakos-ee-o

  » **digital camera** ψηφιακή μηχανή (f)
    pseefeeakee meehanee

dining room τραπεζαρία (f) *trapezareea*

dinner δείπνο (n) *dheepno*

diplomat διπλωμάτης (m/f)
  dheeplomatees

direct (train) κατευθείαν *kateftheean*

direction κατεύθυνση (f) *kateftheensee*

director διευθυντής (m)
  dheeeftheendees

dirty βρώμικος-η-ο (m-f-n) *vromeekos-ee-o*

disabled ανάπηρος-η-ο (m-f-n)
  anapeeros-ee-o

disappointed απογοητευμένος-η-ο
  (m-f-n) *apogoeetevmenos-ee-o*

disco ντισκοτέκ (f) *deeskotek*

discount έκπτωση (f) *ekptosee*

dish πιάτο (n) *peeato*

dishwasher πλυντήριο πιάτων (n)
  pleendeereeo peeaton

dislocated έχει/έχουν βγει *ehee /ehoon vgee*

disposable μίας χρήσης
  meeas hreesees

  » **disposable nappies** πάνες μίας
    χρήσης (f/pl) *panes meeas hreesees*

distance απόσταση (f) *apostasee*

district περιοχή (f) *pereeohee*

to **dive** βουτάω *vootao*

diversion παρακαμπτήριος (n)
  parakambteereeos

diving κατάδυση *kataeesee*

divorced διαζευγμένος-η-ο (m-f-n)
  dhiazevgmenos-ee-o

dizzy ζαλισμένος-η-ο (m-f-n)
  zaleesmenos-ee-o

to **do** κάνω *kano*

doctor γιατρός (m) *yeeatros*

document έγγραφο (n) *engrafo*

dog σκύλος (m) *skeelos*

donkey γάιδαρος (n) *gaeedharos*

door πόρτα (f) *porta*

double διπλός-ή-ό (m-f-n)
  dheeplos-ee-o

double bed διπλό κρεβάτι (n) *dheeplo krevatee*

down (movement) κάτω *kato*

to **download** μεταφορά δεδομένων
  metafora dhedhomenon

drain οχετός (m) *ohetos*

drama δράμα (n) *dhrama*

draught (air) ρεύμα (n) *revma*

draught beer βαρελίσια μπύρα (f)
  vareleeseea beera

to **draw** σχεδιάζω *shedheeazo*

drawer συρτάρι (n) *seertaree*

to **dress, get dressed** ντύνω, ντύνομαι
  deeno, deenome

dressing (medical) επίδεσμος (m)
  epeedhesmos (salad) ντρέσινγκ (n)
  dresing

drink ποτό (n) *poto*

  » to **drink** πίνω *peeno*

to **drive** οδηγώ *odheego*

driver οδηγός (m/f) *odheegos*

driving licence δίπλωμα οδήγησης

dheeploma odheegeesees

to **drown** πνίγω *pneego*

drug ναρκωτικό (n) *narkoteeko*

» **drug addict** ναρκομανής *narkomanees*

drunk μεθυσμένος-η-ο (m-f-n)
metheesmenos-ee-o

dry στεγνός-ή-ό (m-f-n) *stegnos-ee-o*
(wine) ξηρός-ή-ό (m-f-n)
kseeros-ee-o

dubbed ντουμπλαρισμένος-η-ο (m-f-n)
dooblareesmenos-ee-o

duck πάπια (f) *papeea*

dull (weather) μουντός-ή-ό (m-f-n)
moondos-ee-o

dustbin σκουπιδοτενεκές (m)
skoopeedhondenekes

duty (tax) δασμός (m) *dhasmos*

duty-free αφορολόγητος-η-ο (m-f-n)
aforologeetos-ee-o

duvet πάπλωμα (n) *paploma*

E

each κάθε *kathe*

ear αυτί (n) *aftee*

ear ache πονάει το αυτί μου *ponae to
aftee moo*

eardrops σταγόνες για το αυτί (f/pl)
stagones ya to aftee

earlier νωρίτερα *noreetera*

early νωρίς *norees*

to **earn** κερδίζω *kerdheezo*

earring σκουλαρίκι (n) *skoolareekee*

earth γη (f) *yee*

east ανατολή (f) *anatolee*

» **eastern** ανατολικά *anatoleeka*

Easter Πάσχα (n) *pasha*

easy εύκολος-η-ο (m-f-n) *efkolos-ee-o*

to **eat** τρώω *troo*

economical οικονομικός-ή-ό (m-f-n)
eekonomeekos-ee-o

economics οικονομικά (n/pl)
eekonomeeka

economy οικονομία (f) *eekonomeea*

edible φαγώσιμος-η-ο (m-f-n)

fagoseemos-ee-o

either είτε *eete*

either ... or .. είτε ... είτε ... *eete ... eete ...*

elastic band λαστιχάκι (n) *lasteehakee*

election εκλογές (f/pl) *ekloyes*

electric ηλεκτρικός-ή-ό (m-f-n)
eelektreekos-ee-o

electricity ηλεκτρισμός (m), ρεύμα (n)
eelektreesmos, revma (wiring etc.)
καλωδίωση (f) *kalodheeoosee*

electronic ηλεκτρονικός-ή-ό (m-f-n)
eelektroneekos-ee-o

email μήνυμα (n) *meeneema*

» **to email** στέλνω μήνυμα *stelno
meeneema*

to **embark** (boat) επιβιβάζομαι
epeeveevazome

embarrassing με φέρνει σε αμηχανία
me fernee se ameehaneea

embassy πρεσβεία (f) *presveea*

emergency επείγουσα ανάγκη (f)
epeegoosa anangee

emergency telephone τηλέφωνο
άμεσης βοήθειας (n) *teelefono
amesees voeetheeas*

empty άδειος-α-ο (m-f-n) *adhios-a-o*

» **to empty** αδειάζω *adheeazo*

end τέλος (n) *telos*

» **to end** τελειώνω *teleeono*

energy ενέργεια (f) *eneryeea*

engaged (to be married)
αρραβωνιασμένος-η-ο (m-f-n)
aravoniasmenos-ee-o (occupied)
απασχολημένος-η-ο (m-f-n)
apasholeemenos-ee-o

engine μηχανή (f) *meehanee*

engineer μηχανικός (m) *meehaneekos*

England Αγγλία (f) *angleea*

English Άγγλος (m), Αγγλίδα (f) *anglos,
angleedha*

to **enjoy** ευχαριστιέμαι *efhareestieme*

to **enter** μπαίνω *beno*

entertainment διασκέδαση (f)
dheeaskedhasee

entrance είσοδος (f) *eesodhos*

envelope φάκελος (m) *fakelos*

environment περιβάλλον (n) *pereevalon*

environmentally friendly οικολογικός-ή-ό (m-f-n) *eekoloyeekos-ee-o*

equal ίσος-η-ο (m-f-n) *eesos-ee-o*

equipment εξοπλισμός (m) *eksopleesmos*

escalator κυλιόμενες σκάλες (f/pl) *keeleeomenes skales*

essential απαραίτητος-η-ο (m-f-n) *apareteetos-ee-o*

evening βράδυ (n) *vradhee*

every κάθε *kathe*

everyone καθένας, καθεμία, καθένα *kathenas, kathemeea, kathena*

everything τα πάντα *ta panda*

everywhere παντού *pandoo*

exactly ακριβώς *akreevos*

examination εξετάσεις (f/pl) *eksetasees*

example παράδειγμα (n) *paradheegma*
» **for example** για παράδειγμα *ya paradheegma*

excellent εξαιρετικός-ή-ό (m-f-n) *eksereteekos-ee-o*

excess baggage υπέρβαρο (n) *eepervaro*

to **exchange** αλλάζω *alazo* (money) αλλάζω *alazo*

exchange rate τιμή συναλλάγματος (f) *teemee seenalagmatos*

excited ενθουσιασμένος-η-ο (m-f-n) *enthooseeasmenos-ee-o*

exciting συναρπαστικός-ή-ό (m-f-n) *seenarpasteekos-ee-o*

excursion εκδρομή (f) *ekdhromee*

excuse me συγγνώμη *seegnomee*

executive (adj.) εκτελεστικός-ή-ό (m-f-n) *ektelesteekos-ee-o*

exercise άσκηση (f) *askesee*

exhibition έκθεση (f) *ekthesee*

exit έξοδος (f) *eksodhos*

to **expect** περιμένω *pereemeno*

expensive ακριβός-ή-ό (m-f-n) *akreevos-ee-o*

experience πείρα (f) *peera*

experiment πείραμα (n) *peerama*

to **explain** εξηγώ *ekseego*

explosion έκρηξη (f) *ekreeksee*

express εξπρές (n) *ekspres*

extension cable προέκταση καλωδίου (f) *proektasee kalodheeoo*

external εξωτερικός-ή-ό (m-f-n) *eksotereekos-ee-o*

extra επιπλέον *epeepleon*

F

fabric ύφασμα (n) *eefasma*

face πρόσωπο (n) *prosopo*

facilities ευκολίες (f/pl) *efkolees*

fact γεγονός (n) *yegonos*
» **in fact** στην πραγματικότητα *steen pragmateekoteeta*

factory εργοστάσιο (n) *ergostaseeo*

to **fail** (exam/test) αποτυγχάνω *apoteenhano*

failure αποτυχία (f) *apoteeheea*

to **faint** λιποθυμώ *leepotheemo*

fair (haired) ξανθός-ή-ό (m-f-n) *ksanthos-ee-o*

fair πανηγύρι (n) *paneeyeeree*
» **trade fair** έκθεση (f) *ekthesee*

fairly αρκετά *arketa*

faith πίστη (f) *peestee*

fake ψεύτικος-η-ο (m-f-n) *psefteekos-ee-o*

to **fall** (down/over) πέφτω *pefto*

false ψεύτικος-η-ο (m-f-n) *psefteekos-ee-o*

familiar γνωστός-η-ο (m-f-n) *gnostos-ee-o*

family οικογένεια (f) *eekoyeneea*

famous διάσημος-η-ο (m-f-n) *dheeaseemos-ee-o*

fan (air) ανεμιστήρας (m) *anemeesteeras* (supporter) οπαδός (m) *opadhos*

fantastic φανταστικός-ή-ό (m-f-n) *fandasteekos-ee-o*

far (away) μακριά *makreea*

fare εισιτήριο (n) *eeseeteereeo*

farm κτήμα (n) *kteema*

fashion μόδα (f) *modha*

fashionable/in fashion της μόδας *tees modhas*

fast γρήγορος-η-ο (m-f-n) *greegoros-ee-o*

fat *(adj/noun)* παχύς-ιά-ύ/πάχος (n) *pahees-ia-ee/pahos*

father πατέρας (m) *pateras*

father-in-law πεθερός (m) *petheros*

fault βλάβη (f) *vlavee*

faulty ελαττωματικός-ή-ό (m-f-n) *elatomateekos-ee-o*

favourite αγαπημένος-η-ο (m-f-n) *agapeemenos-ee-o (e.g. favourite film)* αγαπημένο φιλμ (n) *agapeemeno feelm*

fax φαξ (n) *faks*

feather φτερό (n) *ftero*

fee αμοιβή (f) *ameevee*

to feed *(inc. baby)* ταΐζω *taeezo*

to feel αισθάνομαι *esthanome (ill/well)* άρρωστος-η/καλά *arrostos-ee/kala*

female, feminine θηλυκός-ή-ό (m-f-n) *theeleekos-ee-o*

feminist φεμινιστής-στρια (m-f) *femeeneestees-streea*

fence φράκτης (m) *fraktees*

ferry φέρρυ μποτ (n) *feree bot*

festival φεστιβάλ (n) *festeeval*

to fetch φέρνω *ferno*

fever πυρετός (m) *peeretos*

(a) few μερικοί-ές-ά (m-f-n) *mereekee-es-a*

fiancé(e) αρραβωνιαστικός-ιά (m-f) *aravoniasteekos-ia*

field χωράφι (n) *horafee*

to fight μαλώνω *malono*

file *(documents)* αρχείο (n) *arheeo (nail/DIY)* λίμα (f) *leema*

to fill γεμίζω *yemeezo*

filling *(dental)* σφράγισμα (n) *sfrayeesma*

film φιλμ (n), ταινία (f) *feelm, teneea*

film star σταρ του σινεμά (m/f) *star too seenema*

filter φίλτρο (n) *feeltro*

finance οικονομικά (n/pl) *eekonomeeka*

to find βρίσκω *vreesko*

finger δάχτυλο (n) *dahteelo*

to finish τελειώνω *teleeono*

fire φωτιά (f) *fotia*

fire brigade πυροσβεστική (f) *peerosvesteekee*

fire extinguisher πυροσβεστήρας (m) *peerosvesteeras*

firm αυστηρός-ή-ό (m-f-n) *afsteeros-ee-o*

firm *(company)* εταιρεία (f) *etereea*

first πρώτος-η-ο (m-f-n) *protos-ee-o*

» **first aid** πρώτες βοήθειες (f/pl) *protes voeetheees*

» **first aid kit** κουτί πρώτων βοηθειών (n) *kootee proton voeetheeon*

fish ψάρι (n) *ksaree*

» **to fish/go fishing** ψαρεύω *psarevo*

fishing ψάρεμα (n) *psarema*

fishing rod καλάμι (n) *kalamee*

fit *(healthy)* σε φόρμα *se forma*

to fit ταιριάζω *tereeazo*

fitting room δοκιμαστήριο (n) *dhokeemasteereeo*

to fix *(mend)* επισκευάζω *epeeskevazo*

fizzy με ανθρακικό *me anthrakeeko*

flag σημαία (f) *seeme/a*

flash *(camera)* φλας (n) *flas*

flat *(apartment)* διαμέρισμα (n) *dheeamereesma*

flat *(level)* επίπεδος-η-ο (m-f-n) *epeepedhos-ee-o*

flavour γεύση (f) *gefsee*

flaw ελάττωμα (n) *elatoma*

flight πτήση (f) *pteesee*

flippers βατραχοπέδιλα (n/pl) *vatrahopedheela*

flood πλημμύρα (f) *pleemeera*

floor πάτωμα (n) *patoma*

» **on the first floor** στον πρώτο όροφο

ston proto orofo

» **ground floor** ισόγειο (n) *eesoyeeo*

floppy disk δισκέτα (f) *dheesketa*

flour αλεύρι (n) *alevree*

flower λουλούδι (n) *looloodhee*

flu γρίππη (f) *greepee*

» **to fly** πετώ *peto*

foggy ομιχλώδης-ης-ες (m-f-n) *omeehlodhees-ees-es*

foil αλουμινόχαρτο (n) *aloomeenoharto*

folding *(e.g. chair)* διπλώνω *dheeplono*

to follow ακολουθώ *akolootho*

food φαγητό (n) *fageeto*

food poisoning τροφική δηλητηρίαση (f) *trofeekee dheeleeteereeasee*

foot πόδι (n) *podhee*

» **on foot** με τα πόδια *me ta podheea*

football ποδόσφαιρο (n) *podhosfero*

footpath μονοπάτι (n) *monopatee*

for για *ya*

forbidden απαγορευμένος-η-ο (m-f-n) *apagorevmenos-ee-o*

foreign ξένος-η-ο (m-f-n) *ksenos-ee-o*

foreigner ξένος-η (m-f) *ksenos-ee*

forest δάσος (n) *dhasos*

to forget ξεχνώ *ksehno*

fork πηρούνι (n) *peeroonee*

form έντυπο (n) *endeepo*

fortnight δεκαπενθήμερο (n) *dhekapentheemero*

fountain συντριβάνι (n) *seendreevanee*

fox αλεπού (f) *alepoo*

fracture κάταγμα (n) *katagma* *(fragile)* εύθραυστος-η-ο (m-f-n) *efthrafstos-ee-o*

free ελεύθερος-η-ο (m-f-n) *eleftheros-ee-o* *(available/ unoccupied)* ελεύθερος-η-ο (m-f-n) *eleftheros-ee-o*

freedom ελευθερία (f) *elefthereea*

to freeze παγώνω *pagono*

freezer κατάψυξη (f) *katapseeksee*

frequent συχνά *seehna*

fresh φρέσκος-ια-ο (m-f-n)

freskos-eea-o

fridge ψυγείο (n) *pseeyeeo*

fried τηγανητός-ή-ό (m-f-n) *teeganeetos-ee-o*

friend φίλος-η (m-f) *feelos-ee*

friends φίλοι-ες (m-f) *feelee-es*

frightened τρομαγμένος-η-ο (m-f-n) *tromagmenos-ee-o*

fringe φράντζα (f) *frandza*

front μπροστά *brosta*

» **in front of** μπροστά από *brosta apo*

front door εξώπορτα (f) *eksoporta*

frontier σύνορα (n/pl) *seenora*

frost παγωνιά (f) *pagonia*

frozen παγωμένος-η-ο (m-f-n) *pagomenos-ee-o*

fruit φρούτα (n/pl) *froota*

to fry τηγανίζω *teeganeezo*

frying pan τηγάνι (n) *teeganee*

fuel καύσιμο (n) *kafseemo*

full γεμάτος-η-ο (m-f-n) *yematos-ee-o*

» **full board** πλήρης διατροφή *pleerees dheeatrofee*

» **full up** *(booked up)* γεμάτος-η-ο (m-f-n) *yematos-ee-o*

to have fun διασκεδάζω *dheeaskedhazo*

funeral κηδεία (f) *keedheea*

funny *(amazing)* φοβερός-ή-ό (m-f-n) *foveros-ee-o* *(peculiar)* περίεργος-η-ο (m-f-n) *pereergos-ee-o*

fur γούνα (f) *goona*

furniture έπιπλα (n/pl) *epeepla*

further on πιο πέρα *pio pera*

fuse ασφάλεια (f) *asfaleea*

fusebox (ηλεκτρικός) πίνακας (m) *(eelektreekos) peenakas*

G

gallery γκαλερί (f) *galeree*

gambling χαρτοπαιξία (f) *hartopekseea*

game *(match)* αγώνας (m) *agonas* *(hunting)* κυνήγι (n) *keeneegee*

gangway διαβάθρα (f) *dheeavathra*

garage *(for parking)* γκαράζ (n) *garaz* *(for petrol)* πρατήριο βενζίνης (n) *prateereeo venzeenees*

garden κήπος (m) *keepos*

gardener κηπουρός (m) *keepooros*

garlic σκόρδο (n) *skordho*

gas γκάζι (n) *gazee*

» **gas bottle/cylinder** φιάλη γκαζιού (f) *feealee gazeeoo*

» **gas refill** ανταλλακτικό γκαζιού (n) *andalakteeko gazeeoo*

gate πόρτα (f) *porta (airport)* έξοδος (f) *eksodhos*

gay *(homosexual)* ομοφυλόφιλος-η (m-f) *omofeelofeelos-ee*

gel *(hair)* ζελέ (n) *zele*

generous γενναιόδωρος-η-ο (m-f-n) *yene/odhoros-ee-o*

gentle αβρός-ή-ό (m-f-n) *avros-ee-o*

gentleman/men κύριος/άνδρες (m, m/pl) *keereeos / andhres (gents)* ανδρών *andhron*

genuine γνήσιος-α-ο (m-f-n) *gneeseeos-a-o*

geography γεωγραφία (f) *yeografeea*

German Γερμανός (m), Γερμανίδα (f) *yermanos (m), yermaneedha (f)*

Germany Γερμανία (f) *yermaneea*

to get παίρνω *perno*

» **to get off** *(bus)* κατεβαίνω *kataveno*

» **to get on** *(bus)* ανεβαίνω *aneveno*

gift δώρο (n) *dhoro*

gin τζιν (n) *tzeen*

girl κορίτσι (n) *koreetsee*

girlfriend φίλη (f) *feelee*

to give δίνω *dheeno*

» **to give back** επιστρέφω *epeestrefo*

glass ποτήρι (n) *poteeree*

glasses γυαλιά (n/pl) *yaleea*

global warming το φαινόμενο του θερμοκηπίου (n) *to fenomeno too thermokeepeeoo*

gloves γάντια (n/pl) *gandeea*

glue κόλλα (f) *kola*

to go πηγαίνω, πάω *peegeno, pao*

» **to go away** φεύγω *fevgo*

» **to go down** κατεβαίνω *kateveno*

» **to go in** μπαίνω *beno*

» **to go out** βγαίνω *vgeno*

» **to go round** *(visit)* επισκέπτομαι *epeeskeptome*

» **let's go!** πάμε! *pame*

goal στόχος (m) *stohos (football)* γκολ (n) *gol*

goat κατσίκα (f) *katseeka*

God Θεός (m) *theos*

goggles γυαλιά κατάδυσης (n/pl) *yaleea katadheesees*

gold χρυσός (m) *hreesos*

golf γκολφ (n) *golf*

» **golf clubs** μπαστούνια του γκολφ (n/pl) *bastooneea too golf*

» **golf course** γήπεδο γκολφ (n) *yeepedho golf*

good καλός-ή-ό (m-f-n) *kalos-ee-o*

» **good day** καλημέρα *kaleemera*

» **good evening** καλησπέρα *kaleespera*

» **good morning** καλημέρα *kaleemera*

» **good night** καληνύχτα *kaleeneehta*

goodbye αντίο *andeeo (casual)* γεια *ya*

Good Friday Μεγάλη Παρασκευή (f) *megalee paraskevee*

government κυβέρνηση (f) *keeverneesee*

gramme γραμμάριο (n) *gramareeo*

grandchildren εγγόνια (n/pl) *engoneea*

granddaughter εγγονή (f) *engonee*

grandfather παππούς (m) *papoos*

grandmother γιαγιά (f) *yaya*

grandparents παππούδες και γιαγιάδες *papoodhes ke yayadhes*

grandson εγγονός (m) *engonos*

grandstand εξέδρα (f) *exedhra*

grass χορτάρι, γκαζόν (n) *hortaree, gazon*

grateful ευγνώμων-ων-ον (m-f-n) *evgnomon-on-on*

greasy λιπαρός-η-ο (m-f-n) *leeparos-ee-o*

great! θαυμάσια! *thavmaseea*

green πράσινος-η-ο (m-f-n)
   praseenos-ee-o

to greet χαιρετώ *hereto*

grey γκρίζος-α-ο (m-f-n) *greezos-a-o*

grilled της σχάρας *tees sharas*

grocer's μπακάλικο (n) *bakaleeko*

ground έδαφος (n) *edhafos*

ground floor ισόγειο (n) *eesoyeeo*

groundsheet μουσαμάς (m) *moosamas*

group ομάδα (f) *omadha*

guarantee εγγύση (f) *engee/eesee*

guest επισκέπτης-τρια (m-f)
   epeeskeptees-treea

guest house πανσιόν (f) *panseeon*

guide οδηγός (m/f) *odheegos*

» **guided tour** ξενάγηση (f)
   ksenangeesee

guidebook οδηγός (m) *odheegos*

guilty ένοχος-η-ο (m-f-n) *enohos-ee-o*

guy rope σχοινί στήριξης (n) *sheenee steereeksees*

H

hail χαλάζι (n) *halazee*

hair μαλλιά (n/pl) *malia*

hairbrush βούρτσα μαλλιών (f) *voortsa maleeon*

haircut κούρεμα (n) *koorema*

hairdresser κομμωτής (m), κομμώτρια (f) *komotees, komotreea*

hairdryer πιστολάκι (n) *peestolakee*

half μισό (n) *meeso*

half (adj.) μισός-ή-ό (m-f-n) *meesos-ee-o*

half board ημιδιατροφή (f)
   eemeedheeatrofee

half price μισοτιμής *meesoteemees*

half an hour μισή ώρα *meesee ora*

half past και μισή *ke meesee*

hall (in house) χωλ (n) *hol*

ham ζαμπόν (n) *zambon*

hamburger χάμπουργκερ (n)
   hamboorger

hand χέρι (n) *heree*

» **hand cream** κρέμα χεριών (f) *krema*

herion

» **hand luggage** χειραποσκευές (f/pl)
   heeraposkeves

» **hand made** χειροποίητος-η-ο (m-f-n)
   heeropee/eetos

handbag τσάντα (f) *tsanda*

handkerchief μαντήλι (f) *mandeelee*

handle χερούλι (n) *heroolee*

to hang up (telephone) κλείνω *kleeno*

hangover έχω βαρύ κεφάλι *eho varee kefalee*

to happen συμβαίνει *seemvenee*

happy ευτυχισμένος-η-ο (m-f-n)
   efteeheesmenos-ee-o

harbour λιμάνι (n) *leemanee*

hard σκληρός-ή-ό (m-f-n)
   skleeros-ee-o (difficult) δύσκολος-η-ο
   (m-f-n) *dheeskolos-ee-o*

hard drive (computer) σκληρός δίσκος
   (m) *skleeros dheeskos*

hardware shop είδη κιγκαλερίας *eedhee kingalereeas*

to hate μισώ *meeso*

to have έχω *eho*

hayfever έχω αλλεργία στη γύρη *eho alergeea stee yeeree*

he αυτός (m) *aftos*

head κεφάλι (n) *kefalee* (boss) αφεντικό
   (n) *afendeeko*

headache πονοκέφαλος (m) *ponokefalos*

headphones ακουστικά (n/pl) *akoosteeka*

to heal θεραπεύω *therapevo*

health υγεία (f) *eeyeea*

healthy υγιής-ής-ές (m-f-n)
   eeyeeyees/ees-ees-es

health foods υγιεινές τροφές (f/pl)
   eeyee eenes trofes

to hear ακούω *akoo/o*

hearing ακοή (f) *akoee*

» **hearing aid** ακουστικό (n) *akoosteeko*

heart καρδιά (f) *kardheea*

heart attack καρδιακή προσβολή (f)
   kadheeakee prosvolee

heat ζέστη (f) *zestee*

heater σόμπα (f) *somba*

heating θέρμανση (f) *thermansee*

heaven ουρανός (m) *ooranos*

heavy βαρύς-ιά-ύ (m-f-n) *varees-eea-ee*

hedge πρασιά (f) *praseea*

height ύψος (n) *eepsos*

helmet *(motorbike)* κράνος (n) *kranos*

help βοήθεια (f) *voeetheea*

» **help!** βοήθεια! *voeetheea*

to help βοηθώ *voeetho*

her *(adj. and pronoun)* αυτή (f) *aftee*

herb βότανο (n) *votano*

herbal tea τσάι από βότανα (n) *tsaee apo votana*

here εδώ *edho*

hiccups: to have hiccups λόξυγγας: έχω λόξυγγα *lokseegas: eho lokseega*

high ψηλός-ή-ό (m-f-n) *pseelos-ee-o*

» **high chair** καρεκλίτσα για το παιδί *karekleesta ya to pedhee*

hill λόφος (m) *lofos*

him αυτός (m) *aftos*

to hire νοικιάζω *neekeeazo*

his *(adj. and pronoun)* αυτών *aftov*

history ιστορία (f) *eestoreea*

to hit χτυπώ *hteepo*

to hitchhike κάνω ωτοστόπ *kano otostop*

HIV ιός του AIDS (m) *eeos too aids*

» **HIV positive** φορέας του AIDS (m/f) *foreas too aids*

hobby χόμπι (n) *hoby*

to hold κρατάω *kratao*

hole τρύπα (f) *treepa*

holiday διακοπές (f/pl) *dheeakopes*

» **on holiday** σε διακοπές *se dheeakopes*

holy άγιος-α-ο (m-f-n) *agios-a-o*

home σπίτι (n) *speetee*

» **at home** στο σπίτι *sto speetee*

» **to go home** πηγαίνω σπίτι *peegeno speetee*

homeopathic ομοιοπαθητικός-η-ο

(m-f-n) *omeeopatheeteekos-ee-o*

to be homesick νοσταλγώ τη χώρα μου *nostalgo tee hora moo*

homosexual ομοφυλόφιλος-η (m-f) *omofeelofeelos-ee*

honest τίμιος-α-ο (m-f-n) *teemeeos-a-o*

honeymoon μήνας του μέλιτος (m) *meenas too meleetos*

to hope ελπίζω *elpeezo*

» **I hope so!** το ελπίζω! *to elpeezo*

horrible φρικτός-ή-ό (m-f-n) *freektos-ee-o*

horse άλογο (n) *alogo*

hospital νοσοκομείο (n) *nosokomeeo*

host οικοδεσπότης-τρια (m-f) *eekodhespotees-treea*

hot ζεστός-ή-ό (m-f-n) *zestos-ee-o* *(spicy)* καυτερός-ή-ό (m-f-n) *kafteros-ee-o*

hotel ξενοδοχείο (n) *ksenodhoheeo*

hour ώρα (f) *ora*

» **half-hour** μισή ώρα (f) *meesee ora*

house σπίτι (n) *speetee*

housewife νοικοκυρά (f) *neekokeera*

housework νοικοκυριό (n) *neekokeereeo*

hovercraft ιπτάμενο δελφίνι (n) *eeptameno dhelfeenee*

how πώς *pos*

» **how far?** πόσο μακριά; *poso makreea?*

» **how long?** πόση ώρα; *poso ora?*

human ανθρώπινος-η-ο (m-f-n) *anthropeenos-ee-o*

» **human being** άνθρωπος (m) *anthropos*

hungry πεινασμένος-η-ο (m-f-n) *penasmenos-ee-o*

to be hungry πεινάω *peenao*

hurry: to be in a hurry βιάζομαι *veeazome*

to hurt πονάω *ponao*

» **it hurts** πονάει *ponaee*

husband σύζυγος (m) *seezeegos*

hydrofoil ιπτάμενο δελφίνι (n) *eeptameno dhelfeenee*

I εγώ *ego*

ice πάγος (m) *pagos*

ice rink παγοδρόμειο (n) *pagodhromeeo*

icy παγωμένος-η-ο (m-f-n) *pagomenos-ee-o*

idea ιδέα (f) *eedheea*

if αν *an*

ill άρρωστος-η-ο (m-f-n) *arostos-ee-o*

illness αρρώστεια (f) *arosteea*

immediately αμέσως *amesos*

immersion heater θερμοσίφωνας (m) *thermoseefonas*

important σημαντικός-ή-ό (m-f-n) *seemandeekos-ee-o*

impossible αδύνατος-η-ο (m-f-n) *adheenatos-ee-o*

impressive εντυπωσιακός-ή-ό (m-f-n) *endeeposeeakos-ee-o*

in μέσα *mesa*

included συμπεριλαμβανομένου-ης-ου (m-f-n) *seembereelamvanomenoo-ees-oo*

income εισόδημα (n) *eesodheema*

indeed πραγματικά *pragmateeka*

independent ανεξάρτητος-η-ο (m-f-n) *aneksarteetos-ee-o*

indigestion δυσπεψία (f) *dheespepseea*

indoors μέσα *mesa*

industry βιομηχανία (f) *veeomeehaneea*

infected μολυσμένος-η-ο (m-f-n) *moleesmenos-ee-o*

infection μόλυνση (f) *moleensee*

infectious μεταδοτικός-ή-ό (m-f-n) *metadhoteekos-ee-o*

inflamed ερεθισμένος-η-ο (m-f-n) *eretheesmenos-ee-o*

inflammation φλεγμονή (f) *flegmonee*

influenza γρίππη (f) *greepee*

informal ανεπίσημος-η-ο (m-f-n) *anepeeseemos-ee-o*

information πληροφορίες (m/pl) *pleeroforees*

>> **information desk/office** γραφείο πληροφοριών (n) *grafo pleeroforeeon*

injection ένεση (f) *enesee*

to injure τραυματίζω *travmateezo*

>> **injured** τραυματισμένος-η-ο (m-f-n) *travmateesmenos-ee-o*

injury τραύμα (n) *travma*

innocent αθώος-α-ο (m-f-n) *atho/os-a-o*

insect έντομο (n) *endomo*

>> **insect bite** τσίμπημα (n) *tseembeema*

>> **insect repellent** εντομοαπωθητικό (n) *endomo/apotheeteeko*

inside μέσα σε *mesa se*

to insist επιμένω *epeemeno*

inspector επιθεωρητής, επιθεωρήτρια (m, f) *epeetheoreetees, epeetheoreetreea*

instructor δάσκαλος, δασκάλα (m, f) *dhaskalos, dhaskala*

insulin ινσουλίνη (f) *eensooleenee*

insult προσβολή (f) *prosvolee*

insurance ασφάλεια (f) *asfaleea*

>> **insurance document** πιστοποιητικό ασφάλειας (n) *peestopee eeteeko asfaleeas*

to insure ασφαλίζω *asfaleezo*

>> **insured** ασφαλισμένος-η-ο (m-f-n) *asfaleesmenos*

intelligent έξυπνος-η-ο (m-f-n) *ekseepnos-ee-o*

interest *(money)* τόκος (m) *tokos*

interesting ενδιαφέρων-ουσα-ον (m-f-n) *endheeaferon-oosa-on*

international διεθνής-ής-ές (m-f-n) *dhee/ethnees-ees-es*

internet διαδίκτυο (n) *dheeadheekteeo*

>> **internet connection** σύνδεση με το διαδίκτυο (n) *seendhesee me to dheeadheekteeo*

interval *(theatre etc.)* διάλειμμα (n) *dheealeema*

into μέσα *mesa*

to introduce συστήνω *seesteeno*

invitation πρόσκληση (f) *proskleesee*

to invite προσκαλώ *proskalo*
iodine ιώδιο (n) *eeodheeo*
Ireland Ιρλανδία (f) *eerlandheea*
Irish Ιρλανδός (m), Ιρλανδή (f)
   eerlandhos, eerlandhee
iron *(metal)* σίδηρος (m) *seedheeros*
   (for clothes) σίδερο (n) *seedhero*
 » **to iron** σιδερώνω *seedherono*
is *(see 'to be')* είναι *eene*
 » **is there?** υπάρχει *eeparhee*
Islam Ισλάμ (n) *eeslam*
Islamic ισλαμικός-ή-ό (m-f-n)
   eeslameekos-ee-o
island νησί (n) *neesee*
it αυτό *afto*

J

jacket σακάκι (n) *sakakee*
jam μαρμελάδα (f) *marmeladha*
jar βάζο (n) *vazo*
jaw σαγόνι (n) *sagonee*
jazz τζαζ (f) *tzaz*
jeans τζιν (n) *tzeen*
jelly ζελέ (n) *zele*
jellyfish τσούχτρα (f) *tsoohtra*
jetty προβλήτα (f) *provleeta*
Jewish εβραϊκός-ή-ό (m-f-n)
   evraeekos-ee-o
job δουλειά (f) *dhooleea*
to jog κάνω τζόγκιν *kano tzogin*
jogging τζόγκιν (n) *tzogin*
joke αστείο (n) *asteeo*
journey ταξίδι (n) *takseedhee*
judge δικαστής (m/f) *dheekastees*
juice χυμός (m) *heemos*
jump leads καλώδια μπαταρίας (n/pl)
   kalodheea batareeas
jumper πουλόβερ (n) *poolover*
junction *(road)* διακλάδωση (f)
   dheeakladhosee

K

to keep κρατάω *kratao* *(to put by)*
   φυλάω *feelao*

kettle βραστήρας (m) *vrasteeras*
key κλειδί (n) *kleedhee*
 » **key ring** μπρελόκ (n) *brelok*
kidney νεφρό (n) *nefro*
to kill σκοτώνω *skotono*
kilo(gram) κιλό (n) *keelo*
kilometre χιλιόμετρο (n)
   heeliometro
kind *(sort)* είδος (n) *eedhos* *(generous)*
   καλόκαρδος-η-ο (m-f-n)
   kalokardhos-ee-o
king βασιλιάς (m) *vaseelias*
kiss φιλί (n) *feelee*
 » **to kiss** φιλάω *feelao*
kitchen κουζίνα (f) *koozeena*
knee γόνατο (n) *gonato*
knickers κυλότα (f) *keelota*
knife μαχαίρι (n) *maheree*
to knock χτυπάω *hteepao*
knot κόμπος (m) *kombos*
to know *(someone)* γνωρίζω *gnoreezo*
   (something) ξέρω *ksero*
 » **I don't know** δεν ξέρω *dhen ksero*

L

label ετικέττα (f) *eteeketa*
lace δαντέλα (f) *dhantela*
ladder σκάλα (f) *skala*
lady κυρία (f) *keereea*
ladies κυρίες (f/pl) *keeree/es*
lager μπύρα (f) *beera*
lake λίμνη (f) *leemnee*
lamb *(meat)* αρνί (n) *arnee*
lamp λάμπα (f) *lamba*
land γη (f) *yee*
 » **to land** προσγειώνομαι *prosyeeonome*
landlady σπιτονοικοκυρά (f)
   speetoneekokeera
landlord σπιτονοικοκύρης (m)
   speetoneekokeerees
language γλώσσα (f) *glosa*
large μεγάλος-η-ο (m-f-n) *megalos-ee-o*
last τελευταίος-α-ο (m-f-n) *telefteos-a-o*
 » **to last** διαρκεί *dheearkee*

late αργά *arga*

later αργότερα *argotera*

launderette πλυντήριο (n) *pleendeereeo*

laundry ρούχα για πλύσιμο *rooha ya pleeseemo*

law (study subject) νομικά (n/pl) *nomeeka*

lawyer δικηγόρος (m/f) *dheekeegoros*

laxative καθαρτικό (n) *katharkteeko*

lazy τεμπέλης-α-ικο (m-f-n) *tembelees-a-eeko*

lead μόλυβδος (m) *moleevdhos*

  » lead-free αμόλυβδος-η-ο (m-f-n) *amoleevdhos-ee-o*

leaf φύλλο (n) *feelo*

leaflet φυλλάδιο (n) *feeladheeo*

to lean out σκύβω έξω *skeevo ekso*

to learn μαθαίνω *matheno*

learner μαθητής (m), μαθήτρια (f) *matheetees, matheetreea*

least: at least τουλάχιστον *toolaheeston*

leather δέρμα (n) *dherma*

to leave αφήνω *afeeno* (to go away) φεύγω *fevgo*

lecturer λέκτορας (m/f) *lektoras*

left αριστερός-ή-ό (m-f-n) *areesteros-ee-o*

left luggage (office) φύλαξη αποσκευών (f) *feelaksee aposkevon*

leg πόδι (n) *podhee*

legal νόμιμος-η-ο (m-f-n) *nomeemos-ee-o*

lemon λεμόνι (n) *lemonee*

lemonade λεμονάδα (f) *lemonadha*

to lend δανείζω *dhaneezo*

length μάκρος (n) *makros*

lens (camera) φακός (n) *fakos*

lesbian λεσβία (f) *lesveea*

less λιγότερος-η-ο (m-f-n) *leegoteros-ee-o*

lesson μάθημα (n) *matheema*

to let (allow) επιτρέπω *epeetrepo* (rent) νοικιάζω *neekeeazo*

letter γράμμα (n) *grama* (of alphabet)

γράμμα (n) *grama*

letterbox γραμματοκιβώτιο (n) *gramatokeevoteeo*

lettuce μαρούλι (n) *maroolee*

leukemia λευχεμία (f) *lefhemeea*

level (height, standard) επίπεδο (n) *epeepedho* (flat) επίπεδος-η-ο (m-f-n) *epeepedhos-ee-o*

level crossing ισόπεδος διάβαση (f) *eesopedhos dhiavasee*

library βιβλιοθήκη (f) *vivleeotheekee*

licence (driving) δίπλωμα (n) *dheeploma* (fishing etc) άδεια (f) *adheea*

lid καπάκι (n) *kapakee*

to lie down ξαπλώνω *ksaplono*

life ζωή (f) *zoee*

lifebelt σωσίβιο (n) *soseeveeo*

lifeboat ναυαγοσωστική λέμβος (f) *navagososteekee lemvos*

lifeguard ναυαγοσώστης –τρία (m, f) *navagosostees-treea*

lifejacket σωσίβιο (n) *soseeveeo*

lift ασανσέρ (n) *asanser*

light φως (n) *fos*

light bulb λάμπα (f) *lamba*

light (coloured) ανοικτός-ή-ό (m-f-n) *aneektos* (weight) ελαφρύς-ιά-ύ (m-f-n) *elafrees-eea-ee*

to light (fire) ανάβω *anavo*

lighter (cigarette) αναπτήρας (m) *anapteeras*

lighter fuel υγραέριο (n) *eegraereeo*

lightning αστραπή (f) *astrapee*

like (similar to) όμοιος-α-ο (m-f-n) *omeeos-a-o*

to like (food, people) αρέσει, αρέσουν *aresee, aresoon*

likely πιθανός-ή-ό (m-f-n) *peethanos-ee-o*

limited περιορισμένος-η-ο (m-f-n) *pereeoreesmenos-ee-o*

line γραμμή (n) *gramee*

lion λιοντάρι (n) *liondaree*

lip χείλος (n) *heelos*

liqueur λικέρ (n) *leeker*

liquid υγρό (n) *eegro*

list κατάλογος (m) *katalogos*

to **listen** ακούω *akoo*

litre λίτρο (n) *leetro*

litter σκουπίδια (n/pl) *skoopeedheea*

little μικρός-ή-ό (m-f-n) *meekros-ee-o*

» **a little** λίγο *leego*

to **live** ζω *zo* (dwell) μένω *meno*

liver συκώτι (n) *seekotee*

living-room σαλόνι (n) *salonee*

loan δάνειο (n) *dhaneeo*

local τοπικός-ή-ό (m-f-n) *topeekos-ee-o*

lock κλειδαριά (f) *kleedhareea*

» to **lock** κλειδώνω *kleedhono*

locker ατομικό ντουλαπάκι (n) *atomeeko doolapakee*

London Λονδίνο (n) *londheeno*

lonely μόνος-η-ο (m-f-n) *monos-ee-o*

long μακρύς-ιά-ύ (m-f-n) *makrees-eea-ee*

long-distance μακριά *makreea*

» **long-distance call** υπεραστικό (n) *eeperasteeko*

look ματιά (f) *matia*

» to **look** (at) κοιτάζω *keetazo*

» to **look for** ψάχνω *psahno*

loose χαλαρός-ή-ό (m-f-n) *halaros-ee-o*

lorry φορτηγό (n) *forteego*

lorry-driver οδηγός φορτηγού (m) *odhegos forteegoo*

to **lose** χάνω *hano*

lost property office γραφείο απολεσθέντων αντικειμένων (n) *grafeeo apolesthendon andeekeemenon*

lotion λοσιόν (f) *loseeon*

lottery λαχείο (n) *laheeo*

loud δυνατός-ή-ό (m-f-n) *dheenatos-ee-o*

lounge σαλόνι (n) *salonee*

love αγάπη (f) *agapee*

» to **love** αγαπάω *agapao*

low χαμηλός-ή-ό (m-f-n) *hameelos-ee-o*

» **low-fat** Χαμηλών λιπαρών *hameelon leeparon*

lucky: to be lucky είμαι τυχερός-ή-ό *eeme teeheros-ee-o*

luggage αποσκευές (f/pl) *aposkeves*

lump (swelling) πρήξιμο (n) *preekseemo*

lunch μεσημεριανό (n) *meseemereeano*

M

machine μηχανή (f) *meehanee*

machinist γαζώτρια (f) *yazotreea*

mad τρελός-ή-ό (m-f-n) *trelos-ee-o*

madam κυρία (f) *keereea*

magazine περιοδικό (n) *pereeodheeko*

mail αλληλογραφία (f) *aleelografeea*

main κύριος-α-ο (m-f-n) *keereeos-a-o*

to **make** φτιάχνω *fteeahno*

make-up μακιγιάζ (n) *makeeyaz*

male αρσενικός-ή-ό (m-f-n) *arseneekos-ee-o*

man άνδρας (m) *andhras*

to **manage** (cope) τα βγάζω πέρα *ta vgazo pera*

manager προϊστάμενος (m), προϊσταμένη (f) *proeestamenos, proeestamenee*

managing director διευθυντής (m), διευθύντρια (f) *dhee-eftheendees, dhee/eftheendreea*

many πολλοί-ές-ά (m-f-n) *polee-es-a*

» **not many** όχι πολλοί-ές-ά *ohee polee-es-a*

map χάρτης (m) *hartees*

marble μάρμαρο (n) *marmaro*

market αγορά (f) *agora*

married παντρεμένος-η-ο (m-f-n) *pandremenos-ee-o*

» to **get married** παντρεύομαι *pandrevome*

mascara μάσκαρα (f) *maskara*

masculine αρσενικός-ή-ό (m-f-n) *arseneekos-ee-o*

mask μάσκα (f) *maska*

mass (church) λειτουργία (f) *leetoorgeea*

match ταιριάζω *tereeazo* (game) αγώνας (m) *agonas*

material υλικό (n) *eeleeko*

matter: it doesn't matter δεν πειράζει *dhen peerazee*

» **what's the matter?** τι συμβαίνει; *tee seemvenee*

mattress στρώμα (n) *stroma*

» **air mattress** στρώμα θαλάσσης (n) *stroma thalasees*

mature ώριμος-η-ο (m-f-n) *oreemos-ee-o*

me με, (ε)μένα *me, (e)mena*

meal γεύμα (n) *gevma*

mean: what does this mean? τι σημαίνει αυτό; *ti seemenee afto*

meanwhile εν τω μεταξύ *en do metaksee*

measles ιλαρά (f) *eelara*

» **German measles** ερυθρά (f) *ereethra*

to measure μετράω *metrao*

measurement μέτρηση (f) *metreesee*

meat κρέας (n) *kreas*

» **cold meats** αλλαντικά (n/pl) *alandika*

mechanic μηχανικός (m) *meehaneekos*

medical ιατρικός-ή-ό (m-f-n) *eeatreekos-ee-o*

medicine (subject) ιατρική (f) *eeatreekee* (drug) φάρμακο (n) *farmako*

medieval μεσαιωνικός-ή-ό (m-f-n) *meseoneekos-ee-o*

Mediterranean μεσογειακός-ή-ό (m-f-n) *mesoyeakos-ee-o*

medium (size) μεσαίος-α-ο (m-f-n) *meseos-a-o* (steak) μισοψημένος-η-ο (m-f-n) *meesopseemenos-ee-o* (wine) ημίγλυκος-η-ο (m-f-n) *eemeegleekos-ee-o*

meeting συνάντηση (f) *seenandeesee*

member μέλος (n) *melos*

memory μνήμη (f) *mneemee*

» **memory card** (for camera) κάρτα μνήμης (f) *karta mneemees*

men άνδρες (m/pl) *andhres*

to mend επισκευάζω *epeeskevazo*

menu (a la carte) κατάλογος (m) *katalogos* (set) μενού (n) *menoo*

message μήνυμα (n) *meeneema*

metal μέταλλο (n) *metalo*

meter μετρητής (m) *metreetees*

metre μέτρο (n) *metro*

microwave oven φούρνος μικροκυμάτων (m) *foornos meekrokeematon*

midday μεσημέρι (n) *meseemeree*

middle μέση (f) *mesee*

middle-aged μεσήλικας (m/f) *meseeleekas*

midnight μεσάνυχτα (n/pl) *mesaneehta*

migraine ημικρανία (f) *eemeekraneea*

mild ήπιος-α-ο (m-f-n) *eepeeos-a-o*

mile μίλι (n) *meelee*

milk γάλα (n) *gala*

mill μύλος (m) *meelos*

mind: do you mind if...? θα σας πείραζε αν...; *tha sas peeraze an...*

» **I don't mind** δεν με πειράζει *dhen me peerazee*

mine (of me) δικός μου, δική μου, δικό μου (m, f, n) *dheekos moo, dheekee moo, dheeko moo*

mini-disc μίνι ντισκ (n) *meenee deesk*

minister υπουργός (m/f) *eepoorgos*

minute λεπτό (n) *lepto*

mirror καθρέφτης (m) *kathreftees*

miscarriage αποβολή (f) *apovolee*

Miss δεσποινίς (f) *dhespeenees*

» **to miss** (bus etc) χάνω *hano* (nostalgia) μου λείπει, νοσταλγώ *moo leepee, nostalgo*

mist ομίχλη (f) *omeehlee*

mistake λάθος (n) *lathos*

» **to make a mistake** κάνω λάθος *kano lathos*

mixed μικτός-ή-ό (m-f-n) *meektos-ee-o*

model μοντέλο (n) *mondelo*

modem μόντεμ (n) *mondem*

modern μοντέρνος-α-ο (m-f-n)

monderrnos-a-o

moisturiser υδατική κρέμα (f)
eedhateekee krema

moment στιγμή (f) *steegmee*

monastery μοναστήρι (f) *monasteeree*

money λεφτά (n/pl) *lefta*

month μήνας (m) *meenas*

monthly μηνιαίως *meenee/eos*

monument μνημείο (n) *mneemeeo*

moped μηχανάκι (n) *meehanakee*

more περισσότερος-η-ο (m-f-n)
pereesoteros-ee-o

morning πρωί (n) *proee*

mortgage υποθήκη (f) *eepotheekee*

mosque τζαμί (n) *tzamee*

mosquito κουνούπι (n) *koonoopee*

mosquito net κουνουπιέρα (f)
koonoopiera

most (of) ο περισσότερος, η
περισσότερη, το περισσότερο
(m, f, n) *o pereesoteros, ee
pereesoteree, to pereesotero*

mother μητέρα (f) *meetera*

mother-in-law πεθερά (f) *pethera*

motor μηχανή (f) *meehanee*

motorbike μοτοσυκλέτα (f)
motoseekleta

motorboat βενζινάκατος (f)
venzeenakatos

motor racing ράλι (n) *ralee*

motorway αυτοκινητόδρομος (m)
aftokeeneetodhromos

mountain βουνό (n) *voono*

mountaineering ορειβασία (f)
oreevaseea

moustache μουστάκι (n) *moostakee*

mouth στόμα (n) *stoma*

to move κινούμαι *keenoome*
» **to move house** μετακομίζω
metakomeezo

Mr κύριος (m) *keereeos*

Mrs κυρία (f) *keereea*

much πολύς, πολλή, πολύ (m, f, n)
polees-polee-polee

mug *(cup)* κούπα (f) *koopa*
» **to mug (someone)** ληστεύω *leestevo*

to murder δολοφονώ *dholofono*

museum μουσείο (n) *mooseeo*

music μουσική (f) *mooseekee*

musical μουσικός-ή-ό (m-f-n)
mooseekos-ee-o

musician μουσικός (m/f) *mooseekos*

Muslim μουσουλμάνος-α (m, f)
moosoolmanos-a

must: you must πρέπει *prepee*

my μου *moo*

mystery μυστήριο (n) *meesteereeo*

N

nail καρφί (n) *karfee*

nail clippers, scissors νυχοκόπτης (m),
ψαλίδι (n) *neehokoptees, psaleedhee*

nail polish μανό (n) *mano*

nail polish remover ασετόν (n) *aseton*

naked γυμνός-ή-ό (m-f-n)
yeemnos-ee-o

name όνομα (n) *onoma*

napkin πετσέτα (f) *petseta*

nappy πάνα (f) *pana*
» **disposable nappy** πάνα μιας χρήσης
(f) *pana meeas hreesees*
» **nappy liner** πλαστικό προστατευτικό
βρακάκι (n) *plasteeko prostatefteeko
vrakakee*

national εθνικός-ή-ό (m-f-n)
ethneekos-ee-o

nationality εθνικότητα (f)
ethneekoteeta

natural φυσικός-ή-ό (m-f-n)
feeseekos-ee-o

navy ναυτικό (n) *nafteeko*

navy blue σκούρο μπλε (n) *skooro ble*

near κοντά *konda*

nearby κοντινός-ή-ό (m-f-n)
kondeenos-ee-o

nearest ο κοντινότερος, η κοντινότερη,
το κοντινότερο (m, f, n) *o
kondeenoteros, ee kondeenoteree,*

to kondeen*otero*

nearly σχεδόν *shedhon*

necessary απαραίτητος-η-ο (m-f-n) *apareteetos-ee-o*

necklace κολιέ (n) *kolee/e*

to need χρειάζομαι *hreeazome*

needle βελόνα (f) *velona*

negative *(photo)* αρνητικό (n) *arneeteeko*

neighbour γείτονας (m), γειτόνισσα (f) *yeetonas, yeetonisa*

nephew ανηψιός (m) *aneepsios*

nervous νευρικός-ή-ό (m-f-n) *nevreekos-ee-o*

net δίχτυ (n) *dheehtee*

never ποτέ *pote*

new καινούργιος-α-ο (m-f-n) *kenooryios-a-o*

» **New Year's Day** Πρωτοχρονιά (f) *protohronia*

news νέα (n/pl) *nea*

newspaper εφημερίδα (f) *efeemereedha*

newspaper kiosk περίπτερο (n) *pereeptero*

next επόμενος-η-ο (m-f-n) *epomenos-ee-o*

next to δίπλα σε *dheepla se*

nice ωραίος-α-ο (m-f-n) *oreos-a-o*

niece ανηψιά (f) *aneepsia*

night νύχτα (f) *neehta*

nightclub νυχτερινό κέντρο (n) *neehtereeno kendro*

no όχι *ohee*

nobody κανένας, καμία, κανένα (m, f, n) *kanenas-kameea-kanena*

noise θόρυβος (m) *thoreevos*

noisy θορυβώδης-ης-ες (m-f-n) *thoreevodhees-ees-es*

non-alcoholic μη οινοπνευματώδες *mee eenopnevmatodhes*

none κανένας, καμία, κανένα (m, f, n) *kanenas-kameea-kanena*

non-smoking μη καπνίζοντες *mee*

kapnee*zondes*

normally κανονικά *kanoneeka*

north βορράς (m) *voras*

nose μύτη (f) *meetee*

nosebleed ρινορραγία (f) *reenorayeea*

note *(bank)* χαρτονόμισμα (n) *hartonomeesma*

notepad μπλοκ (n) *blok*

nothing τίποτα *teepota*

» **nothing else** τίποτ' άλλο *teepotalo*

now τώρα *tora*

nowhere πουθενά *poothena*

nuclear power πυρηνική ενέργεια (f) *peereeneekee eneryeea*

number αριθμός (m) *areethmos*

nurse νοσοκόμα (f), νοσοκόμος (m) *nosokoma, nosokomos*

nut ξηρός καρπός (m) *kseeros karpos* *(DIY)* παξιμάδι (n) *pakseemadhee*

nylon νάυλον (n) *naeelon*

O

oar κουπί (n) *koopee*

object *(thing)* αντικείμενο (n) *andeekeemeno*

occupied πιασμένος-η-ο (m-f-n) *piasmenos-ee-o*

odd περίεργος-η-ο (m-f-n) *pereergos-ee-o* *(not even)* μονός-ή-ό (m-f-n) *monos-ee-o*

of του, της, του (m, f, n) *too, tees, too*

of course φυσικά *feeseeka*

off *(TV, light)* κλειστός-ή-ό (m-f-n) *kleestos-ee-o* *(milk)* χαλασμένος-η-ο (m-f-n) *halasmenos-ee-o*

offended προσβεβλημένος-η-ο (m-f-n) *prosvevleemenos-ee-o*

offer προσφορά (f) *prosfora*

» **special offer** ειδική προσφορά (f) *eedheekee prosfora*

office γραφείο (n) *grafeeo*

officer αστυφύλακας (m) *asteefeelakas*

official επίσημος-η-ο (m-f-n) *epeeseemos-ee-o*

often συχνά *seehna*
» **how often?** πόσο συχνά; *poso seehna*

oil λάδι (n) *ladhee*

OK εντάξει *entaksee*

old παλιός-ά-ό (m-f-n) *palios-a-o*

old-fashioned ντεμοντέ *demonde*

olive ελιά (f) *elia*

olive oil ελαιόλαδο (n) *eleoladho*

on πάνω *pano*

once μία φορά *meea fora*

only μόνο *mono*

open ανοιχτός-ή-ό (m-f-n) *aneehtos-ee-o*
» **to open** ανοίγω *aneego*

opera όπερα (f) *opera*

operation εγχείρηση (f) *enheereesee*

opinion γνώμη (f) *gnomee*

opposite απέναντι *apenadee*

optician οπτικός (m/f) *opteekos*

or ή ή *ee*

orange *(fruit)* πορτοκάλι (n) *portokalee* *(colour)* πορτοκαλής-ιά-ί (m-f-n) *portokalees-ia-ee*

order παραγγελία (f) *parageleea*
» **to order** παραγγέλνω *paragelno*

to organise οργανώνω *organono*

original πρωτότυπος-η-ο (m-f-n) *prototeepos-ee-o*

other άλλος-η-ο (m-f-n) *alos-ee-o*

others άλλοι-ες-α (m-f-n) *alee-es-a*

our μας *mas*

ours δικός μας, δική μας δικό μας (m, f, n) *dheekos mas, dheekee mas, dheeko mas*

out (of) έξω (από) *ekso (apo)*

outdoors, outside έξω *ekso*

over πάνω από *pano apo*

overcast συννεφιασμένος-η-ο (m-f-n) *seenefiasmenos-ee-o*

to overtake προσπερνάω *prospernao*

to owe χρωστάω *hrostao*

owner ιδιοκτήτης-τρια (m, f) *eedheeokteetees-treea*

ozone-friendly προστατεύει το όζον *prostatevee to ozon*

P

package tour οργανωμένη εκδρομή (f) *organomenee ekdhromee*

packet πακέτο (n) *paketo*

paddle *(canoeing)* κουπί του κανό (n) *koopee too kano*

padlock λουκέτο (n) *looketo*

page σελίδα (f) *seleedha*

pain πόνος (m) *ponos*

painful πονάει *ponaee*

painkiller παυσίπονο (n) *pafseepono*

paint μπογιά (f) *boya*
» **to paint** βάφω *vafo (picture)* ζωγραφίζω *zografeezo*

painting πίνακας (m) *peenakas*

pair ζευγάρι (n) *zevgaree*

palace παλάτι (n) *palatee*

pale χλωμός-ή-ό (m-f-n) *hlomos-ee-o*

pants εσώρουχα *esorooha*

paper χαρτί (n) *hartee*

paraffin παραφίνη (f) *parafeene*

parcel πακέτο (n) *paketo*

pardon? ορίστε; *oreeste*

parents γονείς (m/pl) *gonees*

park πάρκο (n) *parko*

to park παρκάρω *parkaro*

parking πάρκινγκ (n) *parkeeng*
» **parking meter** παρκόμετρο (n) *parkometro*

part μέρος (n) *meros*

partner σύντροφος (m/f) *seendrofos*

party πάρτι (n) *partee (political)* κόμμα (n) *koma*

to pass *(on road)* περνάω *pernao (salt etc.)* δίνω *dheeno (test, exam)* περνάω *pernao*

passenger *(bus, taxi)* επιβάτης (m/f) *epeevatees*

passion πάθος (n) *pathos*

passport διαβατήριο (n) *dheeavateereeo*

» **passport control** έλεγχος διαβατηρίων (m) *elenghos dheeavateereeon*

past παρελθόν (n) *parelthon*

» **in the past** στο παρελθόν *sto parelthon* (adj.) περασμένος-η-ο (m-f-n) *perasmenos-ee-o*

pasta μακαρόνια (n/pl) *makaroneea*

pastry πάστα (f), φύλλο (n) *pasta, feelo*

path μονοπάτι (n) *monopatee*

patient (hospital) ασθενής (m/f) *asthenees*

to **pay** πληρώνω *pleerono*

» **to pay cash** πληρώνω μετρητά *pleerono metreeta*

peace ειρήνη (f) *eereenee*

peanut αράπικο φυστίκι (n) *arapeeko feesteekee*

pedal πετάλι (n) *petalee*

» **pedal-boat** ποδήλατο θαλάσσης (n) *podheelato thalasees*

pedestrian πεζός (m) *pezos*

pedestrian crossing διάβαση πεζών (f) *dheeavasee pezon*

pen στυλό (n) *steelo*

pencil μολύβι (n) *moleevee*

penknife σουγιάς (m) *sooyas*

penicillin πενικιλίνη (f) *peneekeeleenee*

pension σύνταξη (f) *seendaksee*

pensioner συνταξιούχος (m/f) *seendakseeoohos*

people άνθρωποι (m/pl) *anthropee*

pepper πιπέρι (n) *peeperee*

per για κάθε *ya kathe*

perfect τέλειος-α-ο (m-f-n) *teleeos-a-o*

performance παράσταση (f) *parastasee*

perfume άρωμα (f) *aroma*

period (menstrual) περίοδος (f) *pereeodhos*

» **period pains** πόνοι περιόδου (m/pl) *ponee pereeodhoo*

perm περμανάντ (f) *permanand*

permit άδεια (f) *adheea*

» **to permit** επιτρέπω *epeetrepo*

personal προσωπικός-ή-ό (m-f-n) *prosopeekos-ee-o*

petrol πετρέλαιο (n) *petreleo*

petrol can μπιτόνι (n) *beetonee*

petrol station πρατήριο βενζίνης (n) *prateereeo venzeenees*

petticoat μισοφόρι (n) *meesoforee*

photocopy φωτοτυπία (f) *fototeepeea*

» **to photocopy** φωτοτυπώ *fototeepo*

photo φωτογραφία (f) *fotografeea*

photographer φωτογράφος (m/f) *fotografos*

physics φυσική (f) *feeseekee*

piano πιάνο (n) *peeano*

to **pick** (choose) διαλέγω *dheealego* (flowers etc.) μαζεύω *mazevo*

picnic πικ-νικ (n) *peek-neek*

picture εικόνα (f) *eekona*

piece κομμάτι (n) *komatee*

pier αποβάθρα (f) *apovathra*

pill χάπι (n) *hapee*

» **the pill** αντισυλληπτικό χάπι (n) *andeeseeleepteeko hapee*

pillow μαξιλάρι (n) *makseelaree*

pillowcase μαξιλαροθήκη (f) *makseelarotheekee*

pilot πιλότος (m) *peelotos*

pink ροζ (n) *roz*

pipe (smoking) πίπα (f) *peepa* (drain) σωλήνας (m) *soleenas*

place μέρος (n) *meros* (seat) θέση (f) *thesee*

plain απλός-ή-ό (m-f-n) *aplos-ee-o*

plane αεροπλάνο (n) *aeroplano*

plant φυτό (n) *feeto*

plaster (sticking) λευκοπλάστης (m) *lefkoplastees*

plastic πλαστικός-ή-ό (m-f-n) *plasteekos-ee-o*

plastic bag πλαστική σακούλα (f) *plasteekee sakoola*

plate πιάτο (n) *peeato*

platform αποβάθρα (f) *apovathra*

play *(theatre)* έργο (n) *ergo*

» **to play** παίζω *pezo*

please παρακαλώ *parakalo*

plenty (of) άφθονος-η-ο (m-f-n)
afthonos-ee-o

pliers τανάλια (f) *tanaleea*

plumber υδραυλικός (m) *eedhravleekos*

pocket τσέπη (f) *tsepee*

point σημείο (n) *seemeeo* *(needle, pin)*
άκρη (f) *akree*

poison δηλητήριο (n) *dheeleeteereeo*

poisonous δηλητηριώδης-ης-ες (m-f-n)
dheeleeteereeodhees-ees-es

police αστυνομία (f) *asteenomeea*

police station αστυνομικό τμήμα (n)
asteenomeeko tmeema

polish γυαλίζω *yeealeezo*

polite ευγενικός-ή-ό (m-f-n)
evgeneekos-ee-o

politician πολιτικός (m/f) *poleeteekos*

politics πολιτική (f) *poleeteekee*

polluted μολυσμένος-η-ο (m-f-n)
moleesmenos-ee-o

pollution μόλυνση (f) *moleensee*

pool *(swimming)* πισίνα (f) *peeseena*

poor φτωχός-ή-ό (m-f-n) *ftohos-ee-o*

pop *(music)* ποπ (f) *pop*

Pope Πάππας (m) *papas*

popular δημοφιλής-ής-ές (m-f-n)
dheemofeelees-ees-es

pork χοιρινό (n) *heereeno*

port *(harbour)* λιμάνι (n) *leemanee*
(wine) μαυροδάφνη *mavrodhafnee*

portable φορητός-ή-ό (m-f-n)
foreetos-ee-o

porter αχθοφόρος (m) *ahthoforos*

portion μερίδα (f) *mereedha*

possible πιθανός-ή-ό (m-f-n) *peethanos-ee-o*

possibly πιθανώς *peethanos*

post *(mail)* γράμματα (n/pl) *gramata*

» **to post** ταχυδρομώ *taheedhromo*

postbox γραμματοκιβώτιο (n)

gramatokeevoteeo

postcard καρτ-ποστάλ (f) *kart-postal*

postcode ταχυδρομικός κώδικας (m)
taheedhromeekos kodheekas

poster αφίσα (f) *afeesa (billboard)*
γιγαντοαφίσα (f) *yeegandoafeesa*

post office ταχυδρομείο (n)
taheedhromeeo

postman/woman ταχυδρόμος
taheedhromos

to postpone αναβάλλω *anavalo*

pot δοχείο (n) *dhoheeo*

potato πατάτα (f) *patata*

potty *(child's)* γιογιό, καθηκάκι (n) *yoyo,
katheekakee*

pound *(sterling)* λίρα στερλίνα (f) *leera
sterleena*

powder πούδρα, σκόνη (f) *poodhra,
skonee*

powdery σε σκόνη *se skonee*

power ρεύμα (n) *revma (physical
strength)* δύναμη (f) *dheenamee*

power cut διακοπή ρεύματος (f)
dheeakopee revmatos

pram καροτσάκι (n) *karotsakee*

to prefer προτιμώ *proteemo*

pregnant έγκυος (f) *engeeos*

prescription συνταγή (f) *seedayee*

present *(gift)* δώρο (n) *dhoro*

press *(newspapers)* τύπος (m) *teepos*

pretty όμορφος-η-ο (m-f-n)
omorfos-ee-o

price τιμή (f) *teemee*

priest παπάς (m) *papas*

prime minister πρωθυπουργός (m)
protheepoorgos

prince πρίγκηπας *preegeepas*

princess πριγκήπισσα *preegeepeesa*

print *(photo)* εκτύπωση (f) *ekteeposee*

» **to print** τυπώνω *teepono*

prison φυλακή (f) *feelakee*

private ιδιωτικός-ή-ό (m-f-n)
eedheeoteekos-ee-o

prize βραβείο (n) *vraveeo*

probably πιθανόν *peethanon*

problem πρόβλημα (n) *provleema*

producer *(radio/TV/film)* παραγωγός (m/f) *paragogos*

profession επάγγελμα (n) *epangelma*

profit κέρδος (m) *kerdhos*

programme πρόγραμμα (n) *programa*

prohibited απαγορευμένος-η-ο (m-f-n) *apagorevmenos-ee-o*

to promise υπόσχομαι *eeposhome*

to pronounce προφέρω *profero*

properly σωστά *sosta*

property περιουσία (f) *pereeooseea*

public κοινό (n) *keeno* (adj.) δημόσιος-α-ο (m-f-n) *dheemoseeos-a-o*

public holiday αργία (f) *argeea*

to pull τραβάω *travao*

to pump up φουσκώνω *fooskono*

puncture τρύπημα (f) *treepeema*

purple πορφυρός-ή-ό (m-f-n) *porfeeros-ee-o*

purse πορτοφόλι (n) *portofolee*

to push σπρώχνω *sprohno*

push-chair καροτσάκι (n) *karotsakee*

to put down βάζω (κάτω) *vazo (kato)*

to put on *(clothes)* ντύνομαι *deenome*

pyjamas πυτζάμες (f/pl) *peetzames*

Q

quality ποιότητα (f) *peeoteeta*

quarter τέταρτο (n) *tetarto*

quay προκυμαία (f) *prokeemea*

queen βασίλισσα (f) *vaseeleesa*

question ερώτηση (f) *eroteesee*

queue ουρά (f) *oora*

quickly γρήγορα *greegora*

quiet ήσυχος-η-ο (m-f-n) *eeseehos-ee-o*

quite αρκετά *arketa*

R

rabbi ραββίνος (m) *raveenos*

rabbit κουνέλι (n) *koonelee*

rabies λύσσα (f) *leesa*

racecourse στάδιο(n) *stadheeo*

racket *(tennis)* ρακέτα (f) *raketa*

radio ραδιόφωνο (f) *radheeofono*

radioactive ραδιενεργός-ή-ό (m-f-n) *radheenergos-ee-o*

radio station ραδιοφωνικός σταθμός (m) *radheeofoneekos stathmos*

railway σιδηρόδρομος (m) *seedheerodhromos*

railway station σιδηροδρομικός σταθμός (m) *seedheerodhomeekos stathmos*

rain βροχή (f) *vrohee*

 » **it's raining** βρέχει *vrehee*

raincoat αδιάβροχο (n) *adheeavroho*

to rape βιάζω *veeazo*

rare σπάνιος-α-ο (m-f-n) *spaneeos-a-o* *(steak)* σαινιάν *seneean*

rash *(spots)* εξάνθημα (n) *eksantheema*

raw ωμός-ή-ό (m-f-n) *omos-ee-o*

razor ξυράφι (n) *kseerafee*

razor blade ξυραφάκι (n) *kseerafakee*

to reach φτάνω *ftano*

to read διαβάζω *dheeavazo*

reading διάβασμα (n) *dheeavasma*

ready έτοιμος-η-ο (m-f-n) *eteemos-ee-o*

real *(authentic)* πραγματικός-ή-ό (m-f-n) *pragmateekos-ee-o*

rear το πίσω μέρος *to peeso meros*

receipt απόδειξη (f) *apodheeksee*

receiver *(telephone)* ακουστικό (n) *akoosteeko*

reception ρεσεψιόν (f) *reseption*

receptionist ρεσεψιονίστ (m/f) *resepsioneest*

recipe συνταγή (f) *seentayee*

to recognise αναγνωρίζω *anagnoreezo*

to recommend συστήνω *seesteeno*

record δίσκος (m) *dheeskos*

to record ηχογραφώ *eehografo*

to recover *(from an illness)* αναρρώνω *anarono*

red κόκκινος-η-ο (m-f-n) *kokeenos-ee-o*

 » **Red Cross** Ερυθρός Σταυρός (m) *ereethros stavros*

reduction έκπτωση (f) *ekptosee*

to refill γεμίζω *yemeezo*

refrigerator ψυγείο (n) *pseeyeeo*

refund επιστροφή χρημάτων (f) *epeestrofee hreematon*

to refund επιστρέφω χρήματα *epeestrefo hreemata*

to register (luggage etc) δηλώνω *dheelono*

registered (letter) συστημένος-η-ο (m-f-n) *seesteemenos-ee-o*

registration number αριθμός αυτοκινήτου (m) *areethmos aftokeeneetoo*

registration document (car) άδεια αυτοκινήτου (f) *adheea aftokeeneetoo*

relation σχέση (f) *shesee*

religion θρησκεία (f) *threeskeea*

to remember θυμάμαι *theemame*

to remove αφαιρώ *afero* (tooth) βγάζω *vgazo*

rent ενοίκιο (n) *eneekeeo*

» **to rent** νοικιάζω *neekiazo*

to repair επισκευάζω *epeeskevazo*

to repeat επαναλαμβάνω *epanalamvano*

reply απάντηση (f) *apandeesee*

» **to reply** απαντάω *apandao*

report αναφορά (f) *anafora*

» **to report** αναφέρω *anafero*

to rescue σώζω *sozo*

reservation (hotel etc) κράτηση (f) *krateesee*

to reserve κλείνω, κρατώ *kleeno, krato*

reserved κρατημένος-η-ο (m-f-n) *krateemenos-ee-o*

responsible υπεύθυνος-η-ο (m-f-n) *eepeftheenos-ee-o*

to rest ξεκουράζομαι *ksekoorazome*

restaurant εστιατόριο (n) *esteeatoreeo*

result αποτέλεσμα (n) *apotelesma*

retired συνταξιούχος (m/f) *seendakseeoohos*

return επιστροφή (f) *epeestrofee* (ticket) με επιστροφή *me epeestrofee*

» **to return** γυρίζω, επιστρέφω *yeereezo, epeestrefo*

to reverse (car) κάνω όπισθεν *kano opeesthen*

rheumatism ρευματισμοί (m/pl) *revmateesmee*

rich πλούσιος-α-ο (m-f-n) *plooseeos-a-o*

to ride (horse) ιππεύω *eepevo*

right δεξιός-ά-ό (m-f-n) *dhekseeos-a-o* (correct) σωστός-ή-ό (m-f-n) *sostos-ee-o*

» **to be right** έχω δίκιο *eho dheekio*

» **you're right** έχεις δίκιο *ehees dheekio*

right-hand δεξιόχειρας (m/f) *dhekseeoheeras*

ring (jewellery) δαχτυλίδι (n) *dhahteeleedhee*

ripe ώριμος-η-ο (m-f-n) *oreemos-ee-o*

river ποτάμι (n) *potamee*

road δρόμος (m) *dhromos*

roadworks οδικά έργα (n/pl) *odheeka erga*

roast ψητός-ή-ό (m-f-n) *pseetos-ee-o*

to rob κλέβω *klevo*

robbery κλοπή (f) *klopee*

roof στέγη (f) *steyee*

room δωμάτιο (n) *dhomateeo* (space) χώρος (m) *horos*

rope σχοινί (n) *sheenee*

rose τριαντάφυλλο (n) *treeandafeelo*

rotten σάπιος-α-ο (m-f-n) *sapios-a-o*

rough (surface) ανώμαλος-η-ο (m-f-n) *anomalos-ee-o* (sea) κυματώδης-ης-ες (m-f-n) *keematodhees-ees-es*

round στρογγυλός-ή-ό (m-f-n) *strongeelos-ee-o*

roundabout κόμβος (m) *komvos*

row (theatre etc.) σειρά (f) *seera*

» **to row** κάνω κουπί *kano koopee*

royal βασιλικός-ή-ό (m-f-n) *vaseeleekos-ee-o*

rubber γόμα (f) *goma*

rubbish σκουπίδια (n/pl) *skoopeedhia*

rucksack σάκος (m) *sakos*

rude αγενής-ής-ές (m-f-n) *ayenees-ees-es*

ruler (for measuring) χάρακας (m) *harakas*

rum ρούμι (n) *roomee*

to run τρέχω *treho*
  rush hour ώρα αιχμής (f) *ora ehmees*

S

sad λυπημένος-η-ο (m-f-n) *leepeemenos-ee-o*

safe *(strongbox)* χρηματοκιβώτιο (n) *hreematokeevoteeo*

safe ασφαλής-ής-ές (m-f-n) *asfalees-ees-es*

sail πανί (n) *panee*

» **to sail** πλέω *pleo*

sailing ιστιοπλοΐα (f) *eesteeoploeea*

sailing boat ιστιοφόρο (n) *eesteeoforo*

sailor ναύτης (m) *naftees*

salad σαλάτα (f) *salata*

sale *(bargains)* εκπτώσεις (f/pl) *ekptosees*

salmon σολομός (m) *solomos*

salt αλάτι (n) *alatee*

salty αλμυρός-ή-ό (m-f-n) *almeeros-ee-o*

same ίδιος-α-ο (m-f-n) *eedhios-a-ao*

sample δείγμα (n) *dheegma*

sand άμμος (m) *amos*

sandals πέδιλα (n/pl) *pedheela*

sandwich σάντουιτς (n) *sandooeets*

sanitary towels σερβιέτες (f/pl) *servietes*

sauce σάλτσα (f) *saltsa*

saucepan κατσαρόλα (f) *katsarola*

sauna σάουνα (f) *saoona*

to save *(money)* αποταμιεύω *apotamievo*

to say λέω *leo*

to scald ζεματίζω, καίω *zemateezo, keo*

  scarf κασκόλ (n) *kaskol (head)* μαντήλι (n) *mandeelee*

scene σκηνή (f) *skeenee*

scenery τοπίο (n) *topeeo*

school σχολείο (n) *sholeeo*

science επιστήμη (f) *epeesteemee*

scissors ψαλίδι (n) *psaleedhee*

scooter παπάκι, μηχανάκι *papakee*

score: what's the score? ποιο είναι το σκορ; *pio eene to skor*

Scotland Σκωτία (f) *skoteea*

Scottish Σκωτσέζος-α (m, f) *skotsezos-a*

screen οθόνη (f) *othonee*

screw βίδα (f) *veedha*

screwdriver κατσαβίδι (n) *katsaveedhee*

sculpture γλυπτό (n) *gleepto*

sea θάλασσα (f) *thalassa*

seafood θαλασσινά (n/pl) *thalasseena*

seasick έχω ναυτία *eho nafteea*

season εποχή (f) *epohee*

seat θέση (f) *thesee*

seatbelt ζώνη ασφαλείας (f) *zonee asfaleeas*

second *(adj.)* δεύτερος-η-ο (m-f-n) *dhefteros-ee-o*

second *(time period)* δευτερόλεπτο (n) *dhefterolepto*

secret μυστικό (n) *meesteeko*

secretary γραμματέας (m/f) *gramateas*

section τμήμα (n) *tmeema*

sedative ηρεμιστικό (n) *eeremeesteeko*

to see βλέπω *vlepo*

to seem φαίνεται *fenete*

self-catering χωρίς διατροφή *horees dheeatrofee*

self-service αυτοεξυπηρέτηση (f) *aftoekseepeereeteesee*

to sell πουλάω *poolao*

to send στέλνω *stelno*

senior citizen συνταξιούχος (m/f) *seentakseeoohos*

sensible λογικός-ή-ό (m-f-n) *loyeekos-ee-o*

sentence πρόταση (f) *protasee*

separated χωρισμένος-η-ο (m-f-n) *horeesmenos-ee-o*

serious σοβαρός-ή-ό (m-f-n) *sovaros-o-ee (grave)* βαρύς-ιά-ύ *varees-ia-ee*

to serve σερβίρω *serveero*

service *(charge)* σέρβις (n) *servees (church)* λειτουργία (f) *leetooryeea*

several μερικοί-ές-ά (m-f-n) *mereekee-es-a*

to sew ράβω *ravo*

sewing ράψιμο (n) *rapseemo*

sex *(gender)* φύλο (n) *feelo (intercourse)*

σεξ (n) seks

shade *(not sunny)* σκιά (f) skeea

shadow σκιά (f) skeea

shampoo σαμπουάν (n) sampooan

sharp κοφτερός-ή-ό (m-f-n) kofteros-ee-o

shave ξύρισμα (n) kseereesma

» **to shave** ξυρίζομαι kseereezome

shaving cream/foam κρέμα/ αφρός ξυρίσματος krema/afros kseereesmatos

she αυτή (f) aftee

sheep πρόβατο (n) provato

sheet σεντόνι (n) sendonee

shell *(egg, nut)* τσόφλι (n) tsoflee

shelter καταφύγιο (n) katafeeyeeo

ship καράβι (n) karavee

shirt πουκάμισο (n) pookameeso

shock *(electrical)* με τινάξε το ρεύμα me teenakse to revma *(emotional)* σοκ (n) sok

shoe(s) παπούτσι(α) (n) papootsee(a)

shoelace κορδόνι (n) kordhonee

shoe shop υποδηματοπωλείο (n) eepodheematopoleeo

shop μαγαζί (n) magazee

shop assistant πωλητής, πωλήτρια (m, f) poleetees, poleetreea

shopping: to go shopping πάω για ψώνια pao ya psonia

shopping centre εμπορικό κέντρο (n) emboreeko kendro

short κοντός-ή-ό (m-f-n) kondos-ee-o

shorts σορτς (n) sorts

shout φωνάζω fonazo

show έκθεση (f) ekthese

» **to show** δείχνω dheehno

shower ντους (n) doos

to **shrink** μαζεύω mazevo

shut κλειστός-ή-ό (m-f-n) kleestos-ee-o

» **to shut** κλείνω kleeno

shutter παντζούρι (n) pantzooree

sick άρρωστος-η-ο (m-f-n) arostos-ee-o

» **to be sick** είμαι άρρωστος-η eeme arostos-ee

» **to feel sick** έχω τάση για εμετό eho tasee ya emeto

sick bag σακούλα πρώτης ανάγκης (f) sakoola protees anangees

side πλευρά (f) plevra

sight *(vision)* όραση (f) orasee *(tourist)* αξιοθέατο (n) akseeotheata

sightseeing βλέπω τα αξιοθέατα vlepo ta akseeotheata

sign πινακίδα (f) peenakeedha

» **to sign** υπογράφω eepografo

signal σήμα (n) seema

signature υπογραφή (f) eepografee

silent σιωπηλός-ή-ό (m-f-n) seeopeelos-ee-o

silk μετάξι (n) metaksee

silver ασήμι (n) aseemee

SIM card κάρτα SIM karta sim

similar παρόμοιος-α-ο (m-f-n) paromeeos-a-o

simple απλός-ή-ό (m-f-n) aplos-ee-o

since από apo

to **sing** τραγουδώ tragoodho

single μονόκλινο (n) monokleeno

sink νεροχύτης (m) neroheetees

sir κύριος (m) keereeos

sister αδελφή (f) adhelfee

sister-in-law κουνιάδα (f) kooniadha

to **sit** *(down)* κάθομαι kathome

size *(clothes, shoes)* νούμερο (n) noomero

skates *(ice)* πατίνια (n/pl) pateenia *(roller)* τροχοπέδιλα (n/pl) trohopedheela

» **to skate** κάνω πατινάζ kano pateenaz

ski σκι (n) skee

» **to ski** κάνω σκι kano skee

skiing σκι (n) skee

skimmed milk αποβουτυρωμένο γάλα (n) apovooteeromeno gala

skin δέρμα (n) dherma

skirt φούστα (f) foosta

sky ουρανός (m) ooranos

to **sleep** κοιμάμαι keemame

sleeping bag σλίπινγκ-μπαγκ (n)
  sleepeeng-bang
slice φέτα (f) *feta*
sliced σε φέτες *se fetes*
slide film διαφάνεια (f) *dheeafaneea*
slim λεπτός-ή-ό (m-f-n) *leptos-ee-o*
slippery γλυστερός-ή-ό (m-f-n)
  gleesteros-ee-o
slowly αργά *arga*
small μικρός-ή-ό (m-f-n) *meekros-ee-o*
smell μυρωδιά (f) *meerodhia*
» **to smell** μυρίζω *meereezo*
smoke καπνός (m) *karpnos*
» **to smoke** καπνίζω *kapneezo*
smooth λείος-α-ο (m-f-n) *leeos-a-o*
to sneeze φτερνίζομαι *fterneezome*
snorkel αναπνευστικός σωλήνας (m)
  anapnefsteekos soleenas
snow χιόνι (n) *hionee*
snow chains αντιολυσθητικές αλυσίδες
  (f/pl) *andeoleestheeteekes
  aleeseedhes*
» **to snow** χιονίζει *hioneezee*
soap σαπούνι (n) *sapoonee*
sober νηφάλιος-α-ο (m-f-n)
  neefaleeos-a-o
socialism σοσιαλισμός (m) *soseealeesmos*
socialist σοσιαλιστής (m), σοσιαλίστρια
  (f) *soseealeestees, soseealeestreea*
sock κάλτσα (f) *kaltsa*
socket πρίζα (f) *preeza*
soft μαλακός-ή-ό (m-f-n) *malakos-ee-o*
soft drink αναψυκτικό (n)
  anapseekteeko
software πρόγραμμα (n) *programa*
soldier στρατιώτης (m) *strateeotees*
some μερικοί-ές-ά (m-f-n)
  mereekee-es-a
somehow κάπως *kapos*
someone κάποιος-α-ο (m-f-n) *kapios-a-o*
something κάτι *katee*
sometimes μερικές φορές *mereekes fores*
somewhere κάπου *kapoo*
son γιος (m) *yos*

song τραγούδι (n) *tragoodhee*
son-in-law γαμπρός (m) *gambros*
soon σύντομα *seendoma*
» **as soon as possible** όσο το δυνατόν
  συντομότερα *oso to dheenato
  seendomotera*
sore πονάει *ponaee*
sorry: I'm sorry συγνώμη (f) *seegnomee*
sort είδος (n) *eedhos*
sound ήχος (n) *eehos*
soup σούπα (f) *soopa*
south νότος (m) *notos*
souvenir αναμνηστικό (n)
  anamneesteeko
space χώρος (m) *horos*
spare διαθέσιμος-η-ό (m-f-n)
  dheeatheseemos-ee-o
» **spare time** ελεύθερος χρόνος (m)
  eleftheros hronos
» **spare tyre** ρεζέρβα (f) *rezerva*
sparkling αφρώδης-ης-ες (m-f-n)
  afrodhees-ees-es
to speak μιλάω *meelao*
special ειδικός-ή-ό (m-f-n)
  eedheekos-ee-o
» **special offer** ειδική προσφορά (f)
  eedheekee prosfora
specialist ειδικός (m/f) *eedheekos*
speciality ειδικότητα (f) *eedheekoteeta*
spectacles γυαλιά (n/pl) *yalia*
speed ταχύτητα (f) *taheeteeta*
speed limit όριο ταχύτητας (n) *oreeo
  taheeteetas*
to spend *(money)* ξοδεύω *ksodhevo (time)*
  περνάω *pernao*
spicy καυτερός-ή-ό (m-f-n) *kafteros-ee-o*
spirits οινοπνευματώδη ποτά (n/pl)
  eenopnevmatodhee pota
splinter θραύσμα (n) *thravsma*
sponge *(bath)* σφουγγάρι (n) *sfoongaree*
spoon κουτάλι (n) *kootalee*
sport σπορ (n) *spor*
spot σπυρί (n) *speeree (place)* μέρος (n)
  meros

to sprain στραμπουλώ *stramboolo*

sprained έχω στραμπουλήξει *eho strambooleeksee*

spring (season) άνοιξη (f) *aneeksee*

square πλατεία (f) *plateea* (shape) τετράγωνο (n) *tetragono*

stain λεκές (m) *lekes*

stairs σκάλες (f/pl) *skales*

stalls (theatre) πλατεία (f) *plateea*

stamp (postage) γραμματόσημο (n) *gramatoseemo*

stand (stadium) εξέδρα (f) *eksedhra*

» **to stand** στέκομαι *stekome*

» **to stand up** σηκώνομαι *seekonome*

star αστέρι (n) *asteree*

start αρχή (f) *arhee*

» **to start** αρχίζω *arheezo*

starter (food) ορεκτικό (n) *orekteeko*

state κατάσταση (f) *katastasee*

station σταθμός (m) *stathmos*

statue άγαλμα (n) *agalma*

to stay (live) ζω *zo* (remain) μένω *meno*

to steal κλέβω *klevo*

steam ατμός (m) *atmos*

steel ατσάλι (n) *atsalee*

steep απότομος-η-ο (m-f-n) *apotomos-ee-o*

step (footstep) βήμα (n) *veema* (stairs) σκαλί (n) *skalee*

step-brother ετεροθαλής αδελφός (m) *eterothalees adhelfos*

step-children προγονοί (m), προγονές (f) *progonee, progones*

step-father πατριός (m) *patreeos*

step-mother μητριά (f) *meetreea*

step-sister ετεροθαλής αδελφή (f) *eterothalees adhelfee*

stereo στέρεο (n) *stereo*

stick ξύλο (n) *kseelo*

to stick: it's stuck κολλάω: είναι κολλημένος-η-ο *kolao: eene koleemenos-ee-o*

sticky κολλάει *kolaee*

sticky tape σελοτέιπ (n) *seloteep*

stiff σκληρός-ή-ό (m-f-n) *skleeros-ee-o*

still (yet) ακόμη *akomee*

still (non-fizzy) χωρίς ανθρακικό *horees anthrakeeko*

sting τσίμπημα (n) *tseembeema*

» **to sting** τσιμπάω *tseembao*

stock exchange χρηματιστήριο (n) *hreemateesteereeo*

stolen κλεμμένος-η-ο (m-f-n) *klemmenos-ee-o*

stomach στομάχι (n) *stomahee*

stomach ache στομαχόπονος (m) *stomahoponos*

stomach upset στομαχική διαταραχή (f) *stomaheekee dheeatarahee*

stone πέτρα (f) *petra*

stop (bus) στάση (f) *stasee*

» **to stop** σταματώ *stamato*

» **stop!** σταματήστε! *stamateeste*

stopcock διακόπτης νερού (m) *dheeakoptees neroo*

story ιστορία (f) *eestoreea*

straight ίσιος-α-ο (m-f-n) *eesios-a-o*

straight on ίσια *eesia*

strange παράξενος-η-ο (m-f-n) *paraksenos-ee-o*

stranger άγνωστος-η-ο (m-f-n) *agnostos-ee-o*

straw (drinking) καλαμάκι (n) *kalamakee*

stream ρεύμα (n) *revma*

street δρόμος (m) *dhromos*

strike απεργία (f) *aperyeea*

» **on strike** σε απεργία *se aperyeea*

string σπάγγος (m) *spangos*

strong δυνατός-ή-ό (m-f-n) *dheenatos-ee-o*

student μαθητής (m), μαθήτρια (f) *matheetees, matheetreea*

studio (radio/TV) στούντιο (n) *stoondeeo*

to study σπουδάζω *spoodhazo*

stupid κουτός-ή-ό (m-f-n) *kootos-ee-o*

subtitles υπότιτλοι (m/pl) *eepoteetlee*

suburb προάστειο (n) *proasteeo*

success επιτυχία (f) *epeeteeheea*

such τέτοιος-α-ο (m-f-n) *tetios-a-o*
suddenly ξαφνικά *ksafneeka*
sugar ζάχαρη (f) *zaharee*
suit *(man's)* κουστούμι (n) *koostoomee*
  (woman's) ταγιέρ (n) *tayer*
suitcase βαλίτσα (f) *valeetsa*
summer καλοκαίρι (n) *kalokeree*
sun ήλιος (m) *eelios*
  » to sunbathe κάνω ηλιοθεραπεία *kano eeliotherapeea*
sunburn κάψιμο από τον ήλιο *kapseemo apo ton eelio*
sunglasses γυαλιά ηλίου (n/pl) *yalia eeleeooo*
sunshade ομπρέλα θαλάσσης (f) *ombrela thalasees*
sunstroke ηλίαση (f) *eeleeasee*
suntan μαύρισμα (n) *mavreesma*
  » suntan lotion αντιλιακή κρέμα (f) *andeeleeakee krema*
  » suntan oil αντιλιακό λάδι (n) *andeeleeako ladhee*
supermarket σουπερμάρκετ (n) *soopermarket*
supper δείπνο (n) *dheepno*
supplement συμπλήρωμα (n) *seembleeroma*
suppository υπόθετο (n) *eepotheto*
surname επίθετο (n) *epeetheto*
surprise έκπληξη (f) *ekpleeksee*
surprised έκπληκτος-η-ο (m-f-n) *ekpleektos-ee-o*
to sweat ιδρώνω *eedhrono*
sweater πουλόβερ (n) *poolover*
sweatshirt φανέλα (f) *fanela*
sweet γλυκός-ιά-ό (m-f-n) *gleekos-ia-o*
sweetener ζαχαρίνη (f) *zahareenee*
sweets γλυκά (n/pl) *gleeka*
swelling πρήξιμο (n) *preekseemo*
to swim κολυμπώ *koleembo*
swimming κολύμπι (n) *koleembee*
swimming pool πισίνα (f) *peeseena*
swimming trunks μαγιό (n) *mayo*
swimsuit μαγιό (n) *mayo*

switch διακόπτης (m) *dheeakoptees*
  » to switch off κλείνω *kleeno*
  » to switch on ανοίγω *aneego*
swollen πρησμένος-η-ο (m-f-n) *preesmenos-ee-o*
symptom σύμπτωμα (n) *seemptoma*
synagogue συναγωγή (f) *seenagoyee*
synthetic συνθετικός-ή-ό (m-f-n) *seetheteekos-ee-o*
system σύστημα (n) *seesteema*

T

table τραπέζι (n) *trapezee*
tablet χάπι (n) *hapee*
table tennis πινγκ-πονγκ (n) *ping-pong*
to take παίρνω *perno*
  » taken *(seat)* πιασμένος-η-ο (m-f-n) *peeasmenos-ee-o*
  » to take off *(clothes)* βγάζω *vgazo*
  (plane) απογειώνεται *apoyeeonete*
talcum powder ταλκ (n) *talc*
to talk μιλάω *meelao*
tall ψηλός-ή-ό (m-f-n) *pseelos-ee-o*
tampons ταμπόν (n) *tambon*
tap βρύση (f) *vreesee*
tape *(sticky)* σελοτέιπ (n) *selote/eep*
  (cassette) κασέτα (f) *kaseta*
taste γεύση (f) *yefsee*
  » to taste γεύομαι *yevome*
tax φόρος (m) *foros*
taxi ταξί (n) *taksee*
taxi rank πιάτσα ταξί (f) *piatsa taksee*
tea τσάι (n) *tsaee*
teabag τσάι σε φακελάκι (n) *tsaee se fakelakee*
to teach διδάσκω *dheedhasko*
teacher δάσκαλος, δασκάλα (m, f) *dhaskalos, dhaskala*
team ομάδα (f) *omadha*
tear *(rip)* σχίζω *sheezo (cry)* κλαίω *kleo*
  » in tears κλαίω *kleo*
teaspoon κουταλάκι (n) *kootalakee*
teat *(for baby's bottle)* θηλή (f) *theelee*
technical τεχνικός-ή-ό (m-f-n)

tehneekos-ee-o

technology τεχνολογία (f) *tehnoloyeea*

teenager έφηβος-η (m, f) *efeevos-ee*

telephone τηλέφωνο (n) *teelefono*

telephone card κάρτα τηλεφώνου (f) *karta teelefonoo*

telephone directory τηλεφωνικός κατάλογος (m) *teelefoneekos katalogos*

telephone kiosk τηλεφωνικός θάλαμος (m) *teelefoneekos thalamos*

» **to telephone** τηλεφωνώ *teelefono*

television τηλεόραση (f) *teeleorasee*

to tell λέω *leo*

temperature θερμοκρασία (f) *thermokraseea*

» **to have a temperature** έχω πυρετό *eho peereto*

temporary προσωρινός-ή-ό (m-f-n) *prosoreenos-ee-o*

tennis τένις (n) *tennis*

tennis court γήπεδο τένις (n) *yeepedho tennis*

tent σκηνή (f) *skeenee*

tent peg πασσαλάκι (n) *pasalakee*

tent pole κοντάρι (n) *kondaree*

terminal *(airport)* αεροδρόμιο (n) *aerodhromeeo*

terminus τέρμα (n) *terma*

terrace ταράτσα (f) *taratsa*

terrible τρομερός-ή-ό (m-f-n) *tromeros-ee-o*

terrorist τρομοκράτης (m/f) *tromokratees*

text message (γραπτό) μύνημα (n) *(grapto) meeneema*

» **to text** στέλνω μύνημα *stelno meeneema*

thank you (very much) ευχαριστώ (πολύ) *efhareesto*

that (one) εκείνο (n) *ekeeno*

the ο (m), η (f), το (n) *o, ee, to*

theatre θέατρο (n) *theatro*

their τους *toos*

them αυτούς (m), αυτές (f), αυτά (n) *aftoos, aftes, afta*

there εκεί *ekee*

» **there is/are** υπάρχει/υπάρχουν *eeparhee/eeparhoon*

therefore γι' αυτό *yafto*

thermometer θερμόμετρο (n) *thermometro*

these αυτοί (m), αυτές (f), αυτά (n) *aftee, aftes, afta*

they αυτοί (m), αυτές (f), αυτά (n) *aftee, aftes, afta*

thick χοντρός-ή-ό (m-f-n) *hondros-ee-o*

thief κλέφτης (m) *kleftees*

thin λεπτός-ή-ό (m-f-n) *leptos-ee-o*

thing πράγμα (n) *pragma*

to think σκέφτομαι *skeftome*

» *(believe)* πιστεύω *pistevo*

third τρίτος-η-ο (m-f-n) *treetos-ee-o*

thirsty διψασμένος-η-ο (m-f-n) *dheepsasmenos-ee-o*

this (one) αυτό *afto*

those εκείνοι-ες-α (m-f-n) *ekeenee-es-a*

thread κλωστή (f) *klostee*

through μέσα από *mesa apo*

to throw away πετάω *petao*

thumb αντίχειρας (m) *anteeheeras*

ticket *(travel, theatre etc)* εισιτήριο (n) *eeseeteereeo*

ticket office εκδοτήριο, ταμείο (n) *ekdhoteereeo, tameeo*

tide *(high/low)* παλίρροια (f) *paleereea*

tie γραβάτα (f) *gravata*

to tie δένω *dheno*

tight *(clothes)* στενός-ή-ό (m-f-n) *stenos-ee-o*

tights καλσόν (n) *kalson*

till *(until)* μέχρι *mehree*

time *(once etc.)* φορά (f) *fora*

timetable *(train)* δρομολόγιο (n) *dhromoloyeeo*

tin κονσέρβα (f) *konserva*

tin foil αλουμινόχαρτο (n) *aloomeenoharto*

tinned σε κονσέρβα *se konserva*

» **tinned milk** εβαπορέ (n) *evapore*

tin opener ανοιχτήρι (n) *aneehteeree*

tip *(in restaurant etc.)* φιλοδώρημα (n) *filodhoreema*

tired κουρασμένος-η-ο (m-f-n) *koorasmenos-ee-o*

tissues χαρτομάντηλα (n/pl) *hartomandeela*

to σε *se,* *(with named places)* στον (m), στην (f), στο (n) *ston, steen, sto*

toast τοστ (n) *tost*

tobacco καπνός (m) *kapnos*

tobacconist καπνοπωλείο (n) *kapnopoleeo*

toboggan τόμπογκαν (n) *tombogan*

today σήμερα *seemera*

toiletries καλλυντικά (n/pl) *kaleendeeka*

toilets τουαλέτες (f/pl) *tooaletes*

toilet paper χαρτί τουαλέτας (n) *hartee tooaletas*

toilet water κολόνια (f) *koloneea*

toll διόδια (n/pl) *dheedheea*

tomato ντομάτα (f) *domata*

tomorrow αύριο (n) *avreeo*

tongue γλώσσα (f) *glosa*

tonight απόψε *apopse*

tool εργαλείο (n) *ergaleeo*

tooth δόντι (n) *dhondee*

toothache πονόδοντος (m) *ponodhondos*

toothbrush οδοντόβουρτσα (f) *odhondovoortsa*

toothpaste οδοντόκρεμα (f) *odhondokrema*

top *(mountain)* κορυφή (f) *koreefee*

» **on top of** πάνω σε *pano se*

torch φακός (m) *fakos*

torn σχισμένος-η-ο (m-f-n) *sheesmenos-ee-o*

total σύνολο (n) *seenolo*

totally ολοκληρωτικά *olokleeroteeka*

to touch αγγίζω *angeezo*

tour γύρος (m) *yeeros*

» **to tour** κάνω το γύρο *kano to yeero*

tourism τουρισμός (m) *tooreesmos*

tourist τουρίστας (m), τουρίστρια (f) *tooreestas, tooreestreea*

tourist office τουριστικό γραφείο (n) *tooreesteeko grafeeo*

to tow ρυμουλκώ *reemoolko*

towards προς *pros*

towel πετσέτα (f) *petseta*

tower πύργος (m) *peergos*

town πόλη (f) *pole*

» **town centre** κέντρο της πόλης (n) *kendro tees polees*

tow rope συρματόσχοινο (n) *seermatosheeno*

toy παιχνίδι (n) *pehneedhee*

track μονοπάτι (n) *monopatee*

tracksuit φόρμα γυμναστικής (f) *forma yeemnasteekees*

traditional παραδοσιακός-ή-ό (m-f-n) *paradhoseeakos-ee-o*

traffic κίνηση (f) *keeneesee*

traffic jam μποτιλιάρισμα (f) *boteeliareesma*

traffic lights φανάρια (n/pl) *fanaria*

trailer τροχόσπιτο (n) *trohospeeto*

train τρένο (n) *treno*

» **by train** με το τρένο *me to treno*

trainers αθλητικά παπούτσια (n/pl) *athleeteeka papootsia*

tram τραμ (n) *tram*

tranquilliser ηρεμιστικό (n) *eeremeesteeko*

to translate μεταφράζω *metafrazo*

translation μετάφραση (f) *metafrasee*

to travel ταξιδεύω *takseedhevo*

travel agency πρακτορείο (n) *praktoreeo*

traveller's cheques ταξιδιωτικές επιταγές (f/pl) *takseedhioteekees epeetayes*

travel sickness ναυτία (f) *nafteea*

tree δέντρο (n) dhendro

trip ταξίδι (n) takseedhee

trousers παντελόνια (n/pl) pandelonia

to try προσπαθώ prospatho

to try on δοκιμάζω dhokeemazo

T-shirt Τ-σερτ (n) t-sert

tube (pipe) σωλήνας (m) soleenas (underground) μετρό (n) metro

tuna τόννος (m) tonos

tunnel τούνελ (n) toonel

turn: it's my turn είναι σειρά μου eene seera moo

» to turn γυρνάω yeernao

» to turn off κλείνω kleeno

turning (side road) στενό (n) steno

twice δύο φορές dheeo fores

twin beds μονά κρεβάτια mona krevatia

twins δίδυμοι-ες-α (m-f-n) dheedheemee-es-a

type (sort) είδος (n) eedhos

» to type δακτυλογραφώ dhakteelografo

typical τυπικός-ή-ό (m-f-n) teepeekos-ee-o

U

USB lead διαλήπτης τροφοδοσίας ρεύματος dheealeeptis trofothoseeas revmatos

ugly άσχημος-η-ο (m-f-n) ashemos-ee-o

ulcer έλκος (n) elkos

umbrella ομπρέλα (f) ombrela

uncle θείος (m) theeos

uncomfortable άβολος-η-ο (m-f-n) avolos-ee-o

under κάτω kato

underground (tube) μετρό (n) metro

underpants σλιπάκια (n/pl) sleepakeea

to understand καταλαβαίνω katalaveno

underwater υποβρύχιος-α-ο (m-f-n) eepovreeheeos-a-o

underwear εσώρουχα (n/pl) esorooha

to undress γδύνομαι gdheenome

unemployed άνεργος-η-ο (m-f-n) anergos-ee-o

unhappy δυστυχισμένος-η-ο (m-f-n) dheeteeheesmenos-ee-o

uniform στολή (f) stolee

university πανεπιστήμιο (n) panepeesteemeeo

unleaded petrol αμόλυβδη βενζίνη (f) amoleevdhee venzeenee

unpack ανοίγω aneego

unpleasant δυσάρεστος-η-ο (m-f-n) dheesarestos-ee-o

to unscrew ξεβιδώνω kseveedhono

until μέχρι mehree

unusual ασυνήθιστος-η-ο (m-f-n) aseeneetheestos-ee-o

unwell άρρωστος-η-ο (m-f-n) arostos-ee-o

up πάνω pano

» up the hill πάνω στο λόφο pano sto lofo

» up the road ίσια πάνω eeseea pano

upstairs πάνω pano

urgent επείγων (m), επείγουσα (f), επείγον (n) epeeyon, epeeyoosa, epeeyon

urine ούρα (n/pl) oora

us μας mas

to use χρησιμοποιώ hreeseemopeeo

useful χρήσιμος-η-ο (m-f-n) hreeseemos-ee-o

useless άχρηστος-η-ο (m-f-n) ahreestos-e-o

V

vacant ελεύθερος-η-ο (m-f-n) eleftheros-e-o

vacuum cleaner ηλεκτρική σκούπα (f) eelektreekee skoopa

valid έγκυρος-η-ο (m-f-n) engeeros-ee-o

valley κοιλάδα (f) keeladha

valuable πολύτιμος-η-ο (m-f-n) *poleeteemos-ee-o*

valuables αντικείμενα αξίας (n/pl) *andeekeemena akseeas*

van ημιφορτηγό (n) *eemeeforteego*

VAT ΦΠΑ *fee pee a*

vegan χορτοφάγος (m/f) *hortofagos*

vegetables λαχανικά (n/pl) *lahaneeka*

vegetarian χορτοφάγος (m/f) *hortofagos* (adj.) χορτοφαγικός-ή-ό (m-f-n) *hortofayeekos-ee-o*

vehicle όχημα (n) *oheema*

very πολύ *polee*

vest φανελάκι (n) *fanelakee*

video βίντεο (n) *veendeo*

view θέα (f) *thea*

villa βίλα (f) *veela*

village χωριό (n) *horio*

vinegar ξύδι (n) *kseedhee*

vineyard αμπέλι (n) *ambelee*

virgin παρθένος-α-ο (m-f-n) *parthenos-a-o*
  » Virgin Mary Παναγία (f) *panayeea*

visa βίζα (f) *veeza*

visit επίσκεψη (f) *epeeskepsee*

to visit επισκέπτομαι *epeeskeptome* (tourist site) επισκέπτομαι *epeeskeptome*

visitor επισκέπτης (m), επισκέπτρια (f) *epeeskeptees, epeeskeptreea*

vitamin βιταμίνη (f) *veetameenee*

voltage τάση (f) *tasee*

W

wage μισθός (m) *meesthos*

waist μέση (f) *mesee*

to wait (for) περιμένω *pereemeno*

waiter γκαρσόν (n) *garson*

waiting room αίθουσα αναμονής (f) *ethoosa anamonees*

waitress σερβιτόρα (f) *serveetora*

Wales Ουαλία (f) *ooaleea*

walk περίπατος (m) *pereepatos*

  » to walk, go for a walk περπατώ, πάω βόλτα *perpato, pao volta*

walking stick μπαστούνι (n) *bastoonee*

wall (inside) τοίχος (n) *teehos*

wallet πορτοφόλι (n) *portofolee*

to want θέλω *thelo*

war πόλεμος (m) *polemos*

warm ζεστός-ή-ό (m-f-n) *zestos-ee-o*

to wash πλένω *pleno*

washable πλένεται *plenete*

wash-basin νιπτήρας (m) *neepteeras*

washing πλύσιμο (n) *pleeseemo*

washing machine πλυντήριο ρούχων (n) *pleendeereeo roohon*

washing powder σκόνη πλυσίματος (f) *skonee pleeseematos*

watch (clock) ρολόι (n) *roloee*

  » to watch παρακολουθώ, βλέπω *parakolootho, vlepo*

water νερό (n) *nero*

waterfall καταρράκτης (m) *kataraktees*

waterproof αδιάβροχος-η-ο (m-f-n) *adheeavrohos-ee-o*

water-skiing θαλάσσιο σκι (n) *thalaseeo skee*

water-skis σκι (n/pl) *skee*

wave κύμα (n) *keema*

way (path) δρόμος (m) *dhromos*

we εμείς *emees*

weather καιρός (m) *keros*

weather forecast δελτίο καιρού (n) *dhelteeo keroo*

web (internet) διαδίκτυο (n) *dheeadheekteeo*

wedding γάμος (m) *gamos*

week εβδομάδα (f) *evdhomadha*

weekday καθημερινή (f) *katheemereenee*

weekend σαββατοκύριακο (n) *savatokeeriako*

weekly εβδομαδιαίως *evdhomadhee/eos*

to weigh ζυγίζω *zeeyeezo*

weight βάρος (n) *varos*

well καλά *kala*

well done *(steak)* καλοψημένος-η-ο (m-f-n) *kalopseemenos-ee-o*

Welsh Ουαλός (m), Ουαλή (f) *ooalos, ooalee*

west δύση (f) *dheesee*

wet βρεγμένος-η-ο (m-f-n) *vregmenos-ee-o*

wetsuit στολή κατάδυσης (f) *stolee katadheesees*

what? τι; *tee?*

wheel ρόδα (f) *rodha*

wheelchair αναπηρική καρέκλα (f) *anapeereekee karekla*

when όποτε, ποτέ *opote(whenever), pote*

where πού *poo*

which ποιος-α-ο (m-f-n) *peeos-a-o*

while ενώ *eno*

white άσπρος-η-ο (m-f-n) *aspros-ee-o*

who? ποιος-α-ο (m-f-n) *peeos-a-o*

why? γιατί *yatee*

widow χήρα (f) *heera*

widower χήρος (m) *heeros*

wife σύζυγος (f) *seezeegos*

wild άγριος-α-ο (m-f-n) *agreeos-a-o*

to win κερδίζω *kerdheezo*

wind άνεμος (m) *anemos*

window παράθυρο (n) *paratheero* *(shop)* βιτρίνα (f) *veetreena*

to windsurf κάνω γουίντσερφ *kano gooeendserf*

wine κρασί (n) *krasee*

wine merchant/shop κάβα (f) *kava*

wing φτερό (n) *ftero*

winter χειμώνας (m) *heemonas*

with με *me*

without χωρίς *horees*

woman γυναίκα (f) *yeeneka*

word λέξη (f) *leksee*

work δουλειά (f) *dhoolia*

to work *(job)* δουλεύω *dhoolevo* *(function)* λειτουργώ *leetoorgo*

world *(noun)* κόσμος (m) *kosmos* *(adj.)* παγκόσμιος-α-ο (m-f-n) *pangosmeeos-a-o*

worth: it's worth αξίζει *akseezee*

» **it's not worth it** δεν το αξίζει *dhen to akseezee*

wound πληγή (f) *pleeyee*

to wrap (up) τυλίγω *teeleego*

wrong λάθος (n) *lathos*

to write γράφω *grafo*

writer συγγραφέας (m/f) *seengrafeas*

writing paper χαρτί αλληλογραφίας (n) *hartee alelografeeas*

X

X-ray ακτινογραφία (f) *akteenografeea*

Y

yacht κότερο (n) *kotero*

year χρόνος (m) *hronos*

yellow κίτρινος-η-ο (m-f-n) *keetreenoss-ee-o*

yes ναι *ne*

yesterday χτες *htes*

yoghurt γιαούρτι (n) *yeeaoortee*

you *(formal)* εσείς *esees* *(informal singular)* εσύ *esee*

young νέος-α-ο (m-f-n) *neos-a-o*

your σου, σας *soo, sas*

yours δικό σας, δική σας, δικό σας (m, f, n) *dheeko sas, dheeke sas, dheeko sas*

youth hostel ξενώνας νέων (m) *ksenonas neon*

Z

zip φερμουάρ (n) *fermooar*

zoo ζωολογικός κήπος (m) *zooloyeekos keepos*

dictionary

Greek – English dictionary

Α, α

άβολος-η-ο (m-f-n) uncomfortable
άγαλμα (n) statue
αγαπάω to love
αγάπη (f) love
αγαπημένος-η-ο (m-f-n) darling,
   favourite, dear *(beloved)*
αγγίζω to touch
Αγγλία (f) England
Αγγλίδα (f) English woman
Άγγλος (m) English man
αγελάδα (f) cow
αγενής-ής-ές (m-f-n) rude
άγιος, αγία (m, f) saint
άγιος-α-ο (m-f-n) holy
αγνός-ή-ό (m-f-n) pure
άγνωστος-η-ο (m-f-n) stranger
αγορά (f) market
αγοράζω to buy
αγόρι (n) boy
άγριος-α-ο (m-f-n) wild
αγώνας (m) game *(match)*
άδεια (f) permit
   (fishing permit, etc.)
άδεια αυτοκινήτου (f) registration
   document *(car)*
αδειάζω to empty
άδειος-α-ο (m-f-n) empty
αδελφή (f) sister
αδελφός (m) brother
αδιάβροχο (n) raincoat
αδιάβροχος-η-ο (m-f-n) waterproof
αδύνατος-η-ο (m-f-n) impossible
αέρας (m) air
αεροδρόμιο (n) airport, airport
   terminal
αεροπλάνο (n) aeroplane
αεροπορική γραμμή (f) airline
αεροπορικώς by air, by air mail
αθλητικά παπούτσια
   (n/pl) plimsolls, trainers
αθλητισμός (m) athletics

αίθουσα αναμονής (f) waiting room
αίθουσα αναχωρήσεων
   (f) departure lounge
αίθουσα συναυλιών (f) concert hall
αίθριος (m) clear *(weather)*
αίμα (n) blood
αιμορραγώ to bleed
αισθάνομαι to feel
αιώνας (m) century
ακοή (f) hearing
ακολουθώ to follow
ακόμη still, yet
ακουστικά (n/pl) headphones
ακουστικό (n) receiver *(telephone)*,
   hearing aid
ακούω to hear, to listen
άκρη (f) border *(edge)*, needle or
   pin point
ακριβός-ή-ό (m-f-n) expensive
ακριβώς exactly
ακτή (f) coast
ακτινιγραφία (f) X-ray
ακυρώνω to cancel
αλάτι (n) salt
αλεύρι (n) flour
αληθινός-ή-ό (m-f-n) true
αλκοόλ (n) alcohol
αλκοολικός-ή-ό (m-f-n) alcoholic *(person)*
αλκοολούχο (n) alcoholic *(content)*
αλλά but
αλλάζω to exchange, to change
   (clothes, money, trains)
αλλαντικά (n/pl) cold meats
αλλεργικός-ή-ό σε (m-f-n) allergic to
αλληλογραφία (f) mail
άλλοι-ες-α (m-f-n) others
άλλος-η-ο (m-f-n) other
αλμυρός-ή-ό (m-f-n) salty
άλογο (n) horse
αλουμινόχαρτο (n) tin foil
αλυσίδα (f) chain
άμμος (m) sand

αμμώδης-ης-ες (m-f-n) sandy
αμοιβή (f) fee
αμόλυβδη βενζίνη (f) unleaded petrol
αμόλυβδος-η-ο (m-f-n) lead-free
αμπέλι (n) vineyard
αν if, although
ανάβω to light *(fire)*
αναγνωρίζω to recognise
αναμνηστικό (n) souvenir
αναπηρική καρέκλα (f) wheelchair
ανάπηρος-η-ο (m-f-n) handicapped, disabled
αναπνευστικός σωλήνας (m) snorkel
αναπνέω to breathe
αναπτήρας (m) lighter *(cigarette)*
αναρρώνω to recover *(from an illness)*
ανατολή (f) east
ανατολικά eastern
αναφέρω to report
αναφορά (f) report
αναχώρηση (f) departure *(bus, car, train)*
αναχωρώ to depart *(bus, car, train)*
αναψυκτικό (n) soft drink
άνδρας (m) man
άνδρες (m/pl) men
άνδρες (m/pl) gentlemen
ανδρών gents
ανεβαίνω to get on *(bus)*
ανεμιστήρας (m) fan *(air)*
ανεμοβλογιά (f) chickenpox
ανεμόμυλος (m) windmill
άνεμος (m) wind
ανεξάρτητος-η-ο (m-f-n) independent
ανενίσημος-η-ο (m-f-n) informal
άνεργος-η-ο (m-f-n) unemployed
άνετος-η-ο (m-f-n) comfortable
ανήκω to belong to
ανήσυχος-η-ο (m-f-n) anxious, worried
ανηψιά (f) niece
ανηψιός (m) nephew
άνθρωποι (m/pl) people
άνθρωπος (m) human being
ανοίγω to open, to switch on, unpack
ανοικτός-ή-ό (m-f-n) light *(coloured)*
άνοιξη (f) spring *(season)*

ανοιχτήρι (n) bottle/can/tin opener
ανοιχτός-ή-ό (m-f-n) open
ανοξείδωτο ατσάλι (n) stainless steel
ανταλλακτικό γκαζιού (n) gas refill
αντί instead of
αντιβιοτικό (n) antibiotic
αντίγραφο (n) copy
αντίκα (f) antique
αντικείμενα αξίας (n/pl) valuables
αντικείμενο (n) object *(thing)*, article
αντιλιακή κρέμα (f) suntan lotion
αντιλιακό λάδι (n) suntan oil
αντίο goodbye
αντιολισθητικές αλυσίδες (f/pl) snow chains
αντισηπτικό (n) antiseptic
αντισυλληπτικό (n) contraceptive
αντισυλληπτικό χάπι (n) the pill
αντίχειρας (m) thumb
αντιψυκτικό (n) antifreeze
ανώμαλος-η-ο (m-f-n) rough *(surface)*
αξιοθέατο (n) tourist site
απαγορευμένος-η-ο (m-f-n) forbidden, prohibited
απαντάω to reply, to answer
απάντηση (f) reply, answer
απασχολημένος-η-ο (m-f-n) busy, occupied
απέναντι opposite
απεργία (f) strike
απλό (n) single ticket
απλός-ή-ό (m-f-n) plain, simple
από from, since
από πίσω back: at the back
αποβάθρα (f) pier, platform
αποβολή (f) miscarriage
αποβουτυρωμένο γάλα (n) skimmed milk
απογειώνεται take off
απογοητευμένος-η-ο disappointed
απόδειξη (f) receipt
απολυμαντικό disinfectant
απορρυπαντικό (n) detergent
αποσκευές (f/pl) luggage
αποσμητικό (n) deodorant
απόσταση (f) distance

απόστημα (n) abscess
αποταμιεύω to save *(money)*
αποτέλεσμα (n) result
απότομος-η-ο (m-f-n) steep
αποτυγχάνω to fail *(exam/test)*
αποτυχία (f) failure
αποφασίζω to decide
αποφεύγω to avoid
απόψε tonight
απρόσεκτος-η-ο (m-f-n) careless
αράπικο φυστίκι (n) peanut
αργά late, slowly
αργία (f) public holiday
αργότερα later
αρέσει, αρέσουν to like *(food, people)*
αρθριτικά (n/pl) arthritis
αριθμός (m) number
αριθμός αυτοκινήτου (m) registration
   number
αριστερός-ή-ό (m-f-n) left
αρκετά fairly, quite
αρκετός-ή-ό (m-f-n) enough
αρνητικό (n) negative *(photo)*
αρνί (n) lamb *(meat)*
αρραβωνιασμένος-η-ο (m-f-n) engaged
   (to be married)
αρραβωνιαστικός-ιά (m-f) fiancé(e)
αρρώστεια (f) illness
άρρωστος-η-ο (m-f-n) ill, sick, unwell
αρσενικός-ή-ό (m-f-n) male, masculine
αρχαία (n/pl) ancient ruins
αρχαιολογία (f) archaeology
αρχάριος-α (m-f) beginner
αρχείο (n) file *(documents)*
αρχή (f) beginning, start
αρχίζω to begin, to start
αρχιτέκτονας (m/f) architect
άρωμα (f) perfume, scent
ασανσέρ (n) lift
ασετόν (n) nail polish remover
ασήμι (n) silver
ασθενής (m/f) patient *(hospital)*
ασθενοφόρο (n) ambulance
άσθμα (n) asthma
άσκηση (f) exercise

ασπιρίνη (f) aspirin
ασπρόμαυρο (n) black and white *(film)*
άσπρος-η-ο (m-f-n) white
αστείο (n) joke
αστέρι (n) star
αστράγαλος (m) ankle
αστραπή (f) lightning
αστυνομία (f) police
αστυνομικό τμήμα (n) police station
αστυφύλακας (m) officer
ασφάλεια (f) fuse, insurance
ασφαλής-ής-ές (m-f-n) safe
ασφαλίζω to insure
ασφαλισμένος-η-ο (m-f-n) insured
άσχημος-η-ο (m-f-n) ugly
ατμός (m) steam
ατομικό ντουλαπάκι (n) locker
ατσάλι (n) steel
ατύχημα (n) accident
αύριο (n) tomorrow
αυστηρός-ή-ό (m-f-n) firm
αυτά (n) these, they
αυτά (n) them
αυτές (f) these, they
αυτές (f) them
αυτή (f) she, her *(adj. and pronoun)*
αυτί (n) ear
αυτό it, this (one)
αυτοεξυπηρέτηση (f) self-service
αυτοί (m) these, they
αυτοκίνητο (n) car
αυτοκινητόδρομος (m) motorway
αυτόματο-η-ο (m-f-n) automatic
αυτόν his
αυτός (m) he, him
αυτούς (m) them
αφαιρώ to remove
αφεντικό (n) boss
αφήνω to leave
άφιξη (f) arrival
αφίσα (f) poster
αφορολόγητος-η-ο (m-f-n) duty-free
αφρός ξυρίσματος shaving foam
αφρώδης-ης-ες (m-f-n) sparkling
αφτερσέιβ (n) aftershave

αχθοφόρος (m) porter
άχρηστος-η-ο (m-f-n) useless
αψίδα (f) arch

B, β

βαγόνι (n) carriage *(rail)*
βαγόνι ύπνου sleeper/sleeping-car
βάζο (n) jar, vase
βάζω to pour
βάζω κάτω to put down
βαθμός (m) degree *(temperature)*
βαθύς-ιά-ύ (m-f-n) deep
βαλίτσα (f) suitcase
βαλίτσες (f/pl) baggage
βαμβακερός-ή-ό (m-f-n) cotton *(material)*
βαμβάκι (n) cotton wool
βανίλια (f) vanilla
βαρελίσια μπύρα draught beer
βαρετός-ή-ό (m-f-n) boring
βάρκα (f) rowing boat
βάρος (n) weight
βαρύς-ιά-ύ (m-f-n) heavy, serious *(grave)*
βασιλιάς (m) king
βασιλικός-ή-ό (m-f-n) royal
βασίλισσα (f) queen
βατόμουρο (n) blackcurrant
βατραχοπέδιλα (n/pl) flippers
βάφω to paint
βγάζω to take off *(clothes)*, to take out
 (teeth), to take *(photos)*
βγαίνω to go out
βελόνα (f) needle
βελόνα πλεξίματος (f) knitting needle
βενζινάκατος (f) motorboat
βερνίκι (n) shoe polish
βήμα (n) step *(footstep)*
βήχας (m) cough
βήχω to cough
βιάζομαι hurry: to be in a hurry
βιάζω to rape
βιβλίο (n) book
βιβλίο λέξεων και φράσεων (n) phrase
 book
βιβλιοθήκη (f) library
βιβλιοπωλείο (n) bookshop

Βίβλος (f) Bible
βίδα (f) screw
βίζα (f) visa
βίλλα (f) villa
βίντεο (n) video
βιολογία (f) biology
βιομηχανία (f) industry
βιταμίνη (f) vitamin
βιτρίνα (f) window *(shop)*
βλάβη (f) fault
βλέπω to see, to watch
βλέπω τα αξιοθέατα sightseeing
βλέπω τηλεόραση to watch TV
βλεφαρίδα (f) eyelash
βοδινό (n) beef
βοήθεια (f), βοήθεια! help, help!
βοηθός (m/f) assistant
βοηθώ to help
βόλλεϊ (n) volleyball
βόμβα (f) bomb
βορράς (m) north
βότανο (n) herb
βουβός-ή-ό (m-f-n) dumb
Βουλή (f) parliament
βουλωμένος-η-ο (m-f-n) blocked
βουνό (n) mountain
βούρτσα (f) brush
βούρτσα μαλλιών (f) hairbrush
βουτάω to dive
βούτυρο (n) butter
βραβείο (n) prize
βράδυ (n) evening
βράζω to boil
βραστήρας (m) kettle
βραχιόλι (n) bracelet
βρεγμένος-η-ο (m-f-n) wet
Βρετανός, Βρετανίδα (m, f) British
βρεφική τροφή (f) baby food
βρέχει it's raining
βρίσκω to find
βρογχίτιδα (f) bronchitis
βροχή (f) rain
βρύση (f) tap
βρώμικος-η-ο (m-f-n) dirty

γαζώτρια (f) machinist
γάιδαρος donkey
γάλα (n) milk
γάλα σε σκόνη (n) powdered milk
γάμος (m) wedding
γαμπρός (m) bridegroom, son-in-law
γάντια (n/pl) gloves
γάτα (f) cat
γδύνομαι to undress
γεγονός (n) fact
γεια hello
γείτονας (m), γειτόνισσα (f) neighbour
γελάω to laugh
γέλιο (n) laugh
γεμάτος-η-ο (m-f-n) crowded, full, full up (booked up)
γεμίζω to fill, to refill
γενέθλια (n/pl) birthday
γένι (n) beard
γενικά in general
γενικό αναισθητικό (n) general anaesthetic
γενικός-ή-ό (m-f-n) general
γενναιόδωρος-η-ο (m-f-n) generous
γενναίος-α-ο (m-f-n) brave
γεύμα (n) meal
γεύομαι to taste
γεύση (f) flavour, taste
γέφυρα (f) bridge
γεωγραφία (f) geography
γεωργός (m) farmer
γη (f) earth, land
γήπεδο γκολφ (n) golf course
γήπεδο τένις (n) tennis court
για for
για κάθε per
για παράδειγμα for example
γιαγιά (f) grandmother
γιαούρτι (n) yoghurt
γιατί why
γιατί, επειδή because
γιατρός doctor
γιγαντοαφίσα (f) billboard
γιλέκο (n) waistcoat
γιογιό, καθηκάκι (n) potty (child's)

γιος (m) son
γιουσουρούμ (n) flea market
γκάζι (n) gas
γκαλερί (f) art gallery, gallery
γκαράζ (n) garage (for parking)
γκαρνταρόμπα (f) cloakroom
γκαρσόν (n) waiter
γκολ (n) goal (football)
γκολφ (n) golf
γκρεμός (m) cliff
γκρίζος-α-ο (m-f-n) grey
γλυκά (n/pl) sweets
γλυκός-ιά-ό (m-f-n) sweet
γλυπτό (n) sculpture
γλιστερός-ή-ό (m-f-n) slippery
γλώσσα (f) language, tongue
γνήσιος-α-ο (m-f-n) genuine
γνώμη (f) opinion
γνωρίζω to know (someone)
γόμα (f) rubber
γόμφος (m) tent peg
γόνατο (n) knee
γονείς (m/pl) parents
γούνα (f) fur
γουρούνι (n) pig
γραβάτα (f) tie
γράμμα (n) letter, letter of alphabet
γραμμάριο (n) gramme
γράμματα (n/pl) post (mail)
γραμματέας (m/f) secretary
γραμματική (f) grammar
γραμματοκιβώτιο (n) letterbox, postbox
γραμματόσημο (n) stamp (postage)
γραμμή (f) line
γραπτό μύνημα (n) text message
γρατζουνιά (f) scratch
γρατζουνώ to scratch
γραφείο (n) office
γραφείο απολεσθέντων αντικειμένων (n) lost property office
γραφείο πληροφοριών (n) information desk/office
γράφω to write
γρήγορος-η-ο (m-f-n) fast
γρίπη (f) flu, influenza

γυαλιά (n/pl) glasses, spectacles
γυαλιά ηλίου (n/pl) sunglasses
γυαλιά κατάδυσης (n/pl) goggles
γυαλίζω polish
γυμναστική (f) gymnastics
γυμνός-ή-ό (m-f-n) naked
γυναίκα (f) woman
γυρίζω, επιστρέφω to come back, to return
γυρνάω to turn
γύρος (m) tour
γύρος του λιμανιού (m) harbour trip
γύρω around
γωνία (f) corner

Δ, δ

δαγκώνω to bite
δανείζω to lend
δάνειο (n) advance, loan
δαντέλα (f) lace
δάσκαλος, δασκάλα (m, f) instructor,
    teacher
δασμός duty (tax)
δάσος (n) forest
δαχτυλίδι (n) ring (jewellery)
δάχτυλο (n) finger
δείγμα (n) sample
δείπνο (n) dinner, supper
δείχνω to show
δεκαπενθήμερο (n) fortnight
δελτίο καιρού (n) weather forecast
δεν not
δεν ξέρω I don't know
δέντρο (n) tree
δένω to tie
δεξιός-ά-ό (m-f-n) right
δεξιόχειρας (m/f) right-hand
δέρμα (n) skin, leather
δεσποινίς (f) miss (single woman)
δευτερόλεπτο (n) second (time period)
δεύτερος-η-ο (m-f-n) second (adj.)
δέχομαι to accept (take)
δηλητήριο (n) poison
δηλητηριώδης-ης-ες (m-f-n) poisonous
δηλώνω to declare, to register
    (luggage, etc.)
δημαρχείο (n) town hall

δημοσιογράφος (m/f) journalist
δημόσιος υπάλληλος (m/f) civil servant
δημόσιος-α-ο (m-f-n) public (adj.)
δημοφιλής-ής-ές (m-f-n) popular
δια μέσου across
διαβάζω to read
διάβαθρα (f) gangway
διάβαση πεζών (f) pedestrian crossing
διάβασμα (n) reading
διαβατήριο (n) passport
διαβήτης diabetes
διαβητικός-ή-ό (m-f-n) diabetic
διαδήλωση (f) demonstration
διαδίκτυο (n) internet, web
διάδρομος (m) corridor, aisle
διαζευγμένος-η-ο (m-f-n) divorced
διαθέσιμος-ή-ό (m-f-n) spare
δίαιτα diet
διακλάδωση (f) junction (road)
διακοπές (f/pl) holidays (school, etc.)
διακοπή ρεύματος (f) power cut
διακόπτης (m) switch
διακόπτης νερού (m) stopcock
διαλέγω to choose, to pick
διάλειμμα (n) interval (theatre, etc.)
διαμάντι diamond
διαμέρισμα (n) flat (apartment),
    compartment
διαρκεί to last
διάρροια diarrhoea
διάσειση (f) concussion
διάσημος-η-ο (m-f-n) famous
διασκεδάζω to have fun
διασκέδαση (f) entertainment
διατίμηση (f) tariff
διαφάνεια (f) slide film
διαφήμιση (f) advertisement, advertising
διαφωνία (f) argument
διδάσκω to teach
δίδυμοι-ες-α (m-f-n) twins
διεθνής-ής-ές (m-f-n) international
διερμηνέας (m/f) interpreter
διεύθυνση (f) address
διευθυντής (m) managing director
    (man), CEO
διευθύντρια (f) managing director
    (woman), CEO

δικαστήριο (n) court *(law)*
δικαστής (m/f) judge
δικηγόρος (m/f) lawyer, solicitor
δικτάτορας (m) dictator
διόδια (n/pl) toll
δίπλα σε next to
διπλό κρεβάτι double bed
διπλός-ή-ό double
δίπλωμα (n) licence *(driving)*
δίπλωμα οδήγησης driving licence
διπλωμάτης diplomat
δισκέτα (f) floppy disk
δίσκος (m) LP, tray, record
δίχτυ (n) net
διψασμένος-η-ο (m-f-n) thirsty
δοκιμάζω to try on
δοκιμαστήριο (n) changing room
δολλάριο dollar
δολοφονώ to murder
δόντι (n) tooth
δουλειά (f) work, job
δουλεύω to work *(job)*
δοχείο (n) pot
δράμα (f) drama
δρομολόγιο (n) timetable *(train)*
δρόμος (m) road, street, way *(path)*
δροσερός-ή-ό (m-f-n) cool
δύναμη (f) power *(physical strength)*
δυνατός-ή-ό (m-f-n) loud, strong
δύο φορές twice
δύση (f) west
δυσκοιλιότητα (f) constipation
δύσκολος-η-ο (m-f-n) difficult
δυσλεξία dyslexia
δυσλεξικός-ή-ό (m-f-n) dyslexic
δυσπεψία (f) indigestion
δυστυχισμένος-η-ο (m-f-n) unhappy
δυτικός-ή-ό (m-f-n) western
δωμάτιο (n) room
δώρο (n) gift

E, ε

εβαπορέ (n) tinned milk
εβδομάδα (f) week
εβδομαδιαίως weekly

εβραϊκός-ή-ό (m-f-n) Jewish
εγγονή (f) granddaughter
εγγόνια (n/pl) grandchildren
εγγονός (m) grandson
έγγραφο (n) document
εγγύηση (f) guarantee
έγκαυμα (n) burn *(on skin)*
εγκέφαλος (m) brain
έγκυος (f) pregnant
έγκυρος-η-ο (m-f-n) valid
εγχείρηση (f) operation
εγώ I
έδαφος (n) ground
εδώ here
εθισμένος-η-ο (m-f-n) addicted
εθνικός-ή-ό (m-f-n) national
εθνικότητα (f) nationality
είδη κιγκαλερίας hardware shop
ειδική προσφορά (f) special offer
ειδικός (m/f) expert, specialist
ειδικός-ή-ό (m-f-n) special
ειδικότητα (f) speciality
είδος (n) kind (sort), type
εικόνα (f) picture
είμαι to be
είμαι άρρωστος-η-ό (m-f-n)
 to be sick
είμαι κρυωμένος-η-ό (m-f-n)
 to have a cold
είναι ακριβό για μένα I can't afford it
ειρήνη (f) peace
εισιτήριο (n) ticket *(travel, theatre, etc.)*
εισόδημα (n) income
είσοδος (f) admission, entrance
είτε either
είτε ... είτε ... either...or...
ΕΪΤΖ (n) AIDS
εκατοστό (n) centimetre
εκδοτήριο (n) booking office *(rail)*,
 ticket office
εκδρομή (f) excursion
εκεί there
εκείνο (n) that (one)
εκείνοι-ες-α (m-f-n) those
έκθεση (f) exhibition, trade fair, show

εκκλησία (f) church
εκλογές (f/pl) election
έκπληξη (f) surprise
εκπτώσεις (f/pl) sale *(bargains)*
έκπτωση (f) discount, reduction
έκρηξη (f) explosion
εκτός από except, apart from
εκτύπωση (f) print *(photo)*
ελαιόλαδο (n) olive oil
ελάττωμα (n) defect, flaw
ελαττωματικός-ή-ό (m-f-n) defective,
   faulty
ελάφι (n) deer
ελαφρύς-ιά-ύ (m-f-n) light *(weight)*
έλεγχος διαβατηρίων (m) passport control
έλεγχος εισιτηρίων (m) check-in *(desk)*
ελέγχω to check
ελευθερία (f) freedom
ελεύθερος χρόνος (m) spare time
ελεύθερος-η-ο (m-f-n) free, unmarried,
   available, vacant
ελιά (f) olive
ελικόπτερο (n) helicopter
έλκος (n) ulcer
ελκυστικός-ή-ό (m-f-n) attractive
Ελλάδα (f) Greece
Έλληνας (m), Ελληνίδα (f) Greek
ελπίζω to hope
εμείς we
εμένα me
εμπορικό κέντρο (n) shopping centre
εμπορικός αντιπρόσωπος (m) dealer
εμπορικός-ή-ό (m-f-n) commercial
εμφανίζω to develop
ένα (n) a, an
εναντίον against
ένας (m) a, an
ενδιαφέρεται (sing.), ενδιαφέρονται (pl.)
   interested
ενδιαφέρων-ουσα-ον (m-f-n) interesting
ενέργεια (f) energy
ένεση (f) injection
ενήλικος (m/f) adult
ενθουσιασμένος-η-ο (m-f-n) excited
ενοικίαση αυτοκινήτου (f) car hire

ενοίκιο (n) rent
ενοχλημένος-η-ο (m-f-n) annoyed
εντάξει all right, OK, fine
έντομο (n) insect
εντομοαπωθητικό (n) insect repellent
έντυπο (n) form
εντυπωσιακός-ή-ό (m-f-n) impressive
ενώ while
εξάγω to export
εξαγωγή (f) export
εξαιρετικός-ή-ό (m-f-n) excellent
εξάνθημα (n) rash *(spots)*
εξαργυρώνω to cash
εξέδρα (f) stand, stadium, grandstand
εξετάσεις (f/pl) examination
εξηγώ to explain
έξοδος (f) exit
εξοπλισμός (m) equipment
εξοχή (f) country(side)
εξοχικό (n) cottage
εξπρές (n) express
έξυπνος-η-ο (m-f-n) clever, intelligent
έξω outdoors, outside, abroad
έξω από out of
εξώπορτα (f) front door
εξώστης (m) balcony *(theatre, etc.)*
εξωτερικό (n) abroad
εξωτερικός-ή-ό (m-f-n) external
επάγγελμα (n) profession
επαγγελματικό ταξίδι (n) business trip
επαναλαμβάνω to repeat
επείγον (n) urgent
επείγουσα (f) urgent
επείγουσα ανάγκη (f) emergency
επείγων (m) urgent
έπειτα afterwards
επέτειος (f) anniversary
επιβάτης (m/f) passenger
επιβεβαιώνω confirm
επιβιβάζομαι to embark *(boat)*, to board
επίδειξη (f) demonstration
επίδεσμος (m) dressing *(medical)*, bandage
επιδόρπιο (n) dessert
επίθετο (n) surname

επιθεωρητής, επιθεωρήτρια (m, f) inspector
επικίνδυνος-η-ο (m-f-n) dangerous
επίπεδο (n) level *(height, standard)*
επίπεδος-η-ο (m-f-n) flat *(level)*
επιπεφυκῖτιδα conjunctivitis
έπιπλα (n/pl) furniture
επιπλέον extra
επίσημος-η-ο (m-f-n) official
επίσης also, as well
επισκέπτης (m), επισκέπτρια (f) visitor, guest
επισκέπτομαι to go round *(visit)*
επισκευάζω to mend, to repair
επίσκεψη (f) visit
επίσκοπος (m) bishop
επιστήμη (f) science
επιστρέφω to give back
επιστρέφω χρήματα to refund
επιστροφή (f) return
επιστροφή χρημάτων (f) refund
επιταγή (f) cheque
επιτίθεμαι to attack
επιτρέπεται allowed
επιτρέπω to allow, to permit
επιτυχία (f) success
επιφάνεια (f) surface
επιχειρηματίας (m/f) businessman/woman
επιχείρηση (f) business
επόμενος-η-ο (m-f-n) next, following
εποχή (f) season
εργαλείο (n) tool
έργο (n) play *(theatre)*
εργοστάσιο (n) factory
ερεθισμένος-η-ο (m-f-n) inflamed
ερείπια (n/pl) ruins
έρημος (f) desert
ερυθρά (f) German measles
έρχομαι to come
ερώτηση (f) question
εσείς you *(formal)*
εστιατόριο (n) restaurant
εσύ you *(informal singular)*
εσώρουχα (n/pl) underwear, pants
εταιρεία (f) firm, company
ετεροθαλής αδελφή (f) step-sister
ετεροθαλής αδελφός (m) step-brother

ετικέτα (f) label
ετοιμάζω to prepare
έτοιμος-η-ο (m-f-n) ready
έτσι so, thus, therefore
ευγενικός-ή-ό (m-f-n) polite
ευγνώμων-ων-ον (m-f-n) grateful
εύθραυστος-η-ο (m-f-n) fragile
ευκαιρία (f) bargain
ευκολίες (f/pl) facilities
εύκολος-η-ο (m-f-n) easy
ευρώ (n) euro
ευτυχισμένος-η-ο (m-f-n) happy
ευχαριστημένος-η-ο (m-f-n) pleased
ευχαριστιέμαι to enjoy
ευχάριστος-η-ο (m-f-n) pleasant
ευχαριστώ (πολύ) thank you (very much)
έφηβος-η (m-f) teenager
εφημερίδα (f) newspaper
έχει βγει dislocated
έχει ευχέρεια fluent *(language)*
έχεις δίκιο you're right
έχουν βγει dislocated
έχω to have
έχω αλλεργία στη γύρη hay fever
έχω αχρωματοψία colour-blind
έχω βαρύ κεφάλι hangover
έχω δίκιο to be right
έχω ναυτία to be seasick
έχω πυρετό to have a temperature
έχω στραμπουλήξει sprained, twisted *(ankle)*
έχω τάση για εμετό to feel sick

z, ζ

ζαλισμένος-η-ο (m-f-n) dizzy
ζαμπόν (n) ham
ζάρι dice
ζάχαρη (f) sugar
ζαχαρίνη (f) sweetener
ζαχαροπλαστείο (n) patisserie
ζελέ (n) gel *(hair)*, jelly
ζεματίζω, καίω to scald
ζέστη (f) heat
ζεστός-ή-ό (m-f-n) hot, warm
ζευγάρι (n) couple, pair

ζημιά (f) damage
ζυγαριά (f) scales
ζυγίζω to weigh
ζύμη dough
ζω to live, to stay
ζωγραφίζω paint *(picture)*
ζωγράφος (m) painter
ζωή (f) life
ζωηρός-ή-ό (m-f-n) bright *(colour)*
ζώνη (f) belt
ζώνη ασφαλείας (f) seatbelt
ζωντανός-ή-ό (m-f-n) alive
ζώο (n) animal
ζωολογικός κήπος (m) zoo

Η, η

ή or
η (f) the
ήδη already
ηθοποιός (m/f) actor, actress
ηλεκτρική σκούπα (f) vacuum cleaner
ηλεκτρικός πίνακας (m) fusebox
ηλεκτρικός-ή-ό (m-f-n) electric
ηλεκτρισμός (m) electricity
ηλεκτρολόγος (m) electrician
ηλεκτρονικός-ή-ό (m-f-n) electronic
ηλίαση (f) sunstroke
ηλικία (f) age
ηλιόλουστος-η-ο (m-f-n) sunny
ήλιος (m) sun
Ημέρα των Χριστουγέννων (f) Christmas Day
ημερολόγιο diary
ημερομηνία (f) date *(day)*
ημίγλυκος-η-ο (m-f-n) semi-dry *(wine)*
ημιδιατροφή (f) half board
ημικρανία (f) migraine
ημιφορτηγό (n) van
ήπειρος (f) continent
ήπιος-α-ο (m-f-n) mild
ηρεμιστικό (n) sedative, tranquilliser
ήρεμος-η-ο (m-f-n) calm
ήσυχος-η-ο (m-f-n) quiet
ηχογραφώ to record
ήχος (n) sound

Θ, θ

θα σας πείραζε αν...; do you mind if...?
θάλασσα (f) sea
θαλασσινά (n/pl) seafood
θαλάσσιο σκι (n) water-skiing
θάμνος (m) bush
θανάσιμος-η-ο (m-f-n) fatal
θάνατος (m) death
θαυμάσια! great!
θέα (f) view
θέατρο (n) theatre
θεία (f) aunt
θείος (m) uncle
θέλω to want
Θεός (m) God
θεραπεία (f) treatment, cure *(remedy)*
θεραπεύω to heal, to cure
θέρμανση (f) heating
θερμοκρασία (f) temperature
θερμόμετρο (n) thermometer
θερμοσίφωνας (m) boiler, immersion heater
θερμοσίφωνο (n) water heater
θέση (f) seat
θετικός επιστήμονας (m) scientist
θεωρείο (n) box *(theatre)*
θηλή (f) teat *(for baby's bottle)*
θηλυκός-ή-ό (m-f-n) female, feminine
θόλος dome
θόρυβος (m) noise
θορυβώδης-ης-ες (m-f-n) noisy
θραύσμα (n) splinter
θρησκεία (f) religion
θυμάμαι to remember
θυμωμένος-η-ο (m-f-n) angry

Ι, ι

ιατρική (f) medicine *(subject)*
ιατρικός-ή-ό (m-f-n) medical
ιδέα (f) idea
ιδιοκτήτης-τρια (m-f) owner
ίδιος-ια-ο (m-f-n) same
ιδιωτικός-ή-ό (m-f-n) private
ιδρώνω to sweat
Ιησούς Χριστός (m) Jesus Christ

ιλαρά (f) measles
ινδικό (n) Indian meal
ινσουλίνη (f) insulin
ιός του AIDS (m) HIV
ιπποδρομίες (f/pl) racing *(horse)*
ιπτάμενο δελφίνι (n) hovercraft,
    hydrofoil
Ιρλανδία (f) Ireland
Ιρλανδός (m), Ιρλανδή (f) Irish
ίσια straight on
ίσια πάνω up the road
ίσιος-α-ο (m-f-n) straight
Ισλάμ (n) Islam
Ισλαμικός-ή-ό (m-f-n) Islamic
ισόγειο (n) ground floor
ισόπεδος διάβαση (f) level crossing
ίσος-η-ο (m-f-n) equal
ιστιοπλοΐα (f) sailing
ιστιοσανίδα (f) sailboard
ιστιοφόρο (n) sailing boat
ιστορία (f) history, story
ίσως perhaps
ιώδιο (n) iodine

K, κ

κάβα (f) wine merchant's/shop
κάβα (f) cellar
καβούρι (n) crab
καθαρίζω to clean
καθαριστήριο dry-cleaner
καθαριστικό φακών (n)
    contact lens cleaner
καθαρίστρια (f) cleaner
καθαρκτικό (n) laxative
καθαρός-ή-ό (m-f-n) clean, clear
καθένας, καθεμία, καθένα everyone
καθηγητής (m) professor
καθημερινή (f) weekday
καθημερινός-ή-ό (m-f-n) daily
Καθολικός-ή-ό (m-f-n) Catholic
κάθομαι to sit *(down)*
καθρέφτης (m) mirror
καθυστέρηση (f) delay
και and
και μισή half past
και οι (m-f-n) both

καινούργιος-α-ο (m-f-n) new
καιρός (m) weather
κακός-ή-ό (m-f-n) bad
καλά well
καλάθι (n) basket
καλάθι αχρήστων (n)
    wastepaper basket
καλαμάκι (n) straw *(drinking)*
καλάμι (n) fishing rod
καλές τέχνες (f) fine arts
καλημέρα good day, good morning
καληνύχτα good night
καλησπέρα good evening
καλλιτέχνης (m/f) artist
καλλυντικά (n/pl) cosmetics, toiletries
καλοκαίρι (n) summer
καλόκαρδος-η-ο (m-f-n) generous
καλοριφέρ (n) radiator
καλός-ή-ό (m-f-n) good
καλοψημένος-η-ο (m-f-n)
    well done *(steak)*
καλσόν (n) tights
κάλτσα (f) sock
κάλτσες (f/pl) stockings
καλύβα (f) hut
καλύτερος: ο καλύτερος (m) better: best
καλύτερη: η καλύτερη (f) better: best
καλύτερο: το καλύτερο (n) better: best
καλώδια μπαταρίας (n/pl) jump leads
καλωδίωση (f) electrical wiring
καμένος-η-ο (m-f-n) burnt *(food)*
καμία (f) any, anyone, nobody, none
καμπίνα (f) cabin, berth *(on ship)*
κάμπινγκ (n) camping, campsite
κάμπινγκ για τροχόσπιτα
    (n) caravan site
καμπύλη (f) curve
κανάτα (f) jug
κάνει to cost
κανένας (m/f) anyone, nobody, none
κανένας (m), κανένα (n) any,
    nobody, none
κανονίζω to arrange *(fix)*
κανονικός-ή-ό (m-f-n) normal
κανό canoe
κάνω to do

κάνω αεροπειρατεία to hijack
κάνω γουίντσερφ to windsurf
κάνω διερμηνεία to interpret
κάνω ζημιά to damage
κάνω ηλιοθεραπεία to sunbathe
κάνω κάμπινγκ to camp
κάνω κουπί to row
κάνω λάθος to make a mistake
κάνω μπάνιο to bathe, to have a bath
κάνω όπισθεν to reverse *(car)*
κάνω πατινάζ to skate
κάνω σκι to ski
κάνω τζόγκιν to jog
κάνω το γύρο to tour
κάνω ωτοστόπ to hitchhike
καπάκι (n) lid, cover *(lid)*
καπετάνιος (m) captain *(boat)*
καπνίζω to smoke
καπνοδόχος (f) chimney
καπνοπωλείο (n) tobacconist
καπνός (m) smoke, tobacco
κάποιος-α-ο (m-f-n) someone
κάπου somewhere
καράβι (n) boat, ship
καραμέλες για το λαιμό (f/pl) throat
    lozenges/pastilles
καράφα (f) carafe
κάρβουνα (n/pl) charcoal
κάρβουνο (n) coal
καρδιά (f) heart
καρδιακή προσβολή (f) heart attack
καρέκλα (f) chair
καρεκλίτσα για το παιδί (f) high chair
κάρι (n) curry *(spice)*
καριέρα (f) career
καρκίνος (m) cancer
καροτσάκι (n) pram, push-chair
καρπός (m) berry
κάρτα SIM SIM card
κάρτα απεριορίστων διαδρομών (f)
    season ticket
κάρτα επιβίβασης (f) boarding card
κάρτα μνήμης (f) memory card
    (for camera)
κάρτα τηλεφώνου (f) telephone card

καρτ-ποστάλ (f) postcard
καρφί (n) nail
καρφίτσα (f) brooch, pin
κασέτα (f) cassette
κασετόφωνο (n) tape recorder
κασκόλ (n) scarf
κάστρο (n) castle
κατά μήκος along
κατά τη διάρκεια during
κάταγμα (n) fracture
κατάδυση diving
καταλαβαίνω to understand
κατάλογος directory, catalogue, list,
    menu *(a la carte)*
κατάλυμα (n) accommodation
καταρράκτης (m) waterfall
κατάσταση (f) condition, state
κατάστρωμα (n) deck
καταφύγιο (n) mountain shelter
κατάψυξη (f) freezer
κατεβαίνω to go down, to get off *(bus)*
κατευθείαν direct *(train)*
κατεύθυνση direction
κάτι something
κατσαβίδι (n) corkscrew, screwdriver
κατσαρόλα (f) saucepan
κατσίκα (f) goat
κάτω below, down *(movement)*,
    downstairs, under
καύσιμο (n) fuel
καυτερός-ή-ό (m-f-n) spicy
καφέ (n) brown
καφές (m) coffee
καφετέρια (f) café
κάψιμο (n) burn *(on skin)*
κάψιμο από τον ήλιο sunburn
κέικ (n) cake
κεντρική θέρμανση (f) central heating
κεντρικός-ή-ό (m-f-n) central
κέντρο (n) centre
κέντρο της πόλης (n) town centre
κεραία (f) aerial
κεραμική (f) pottery
κεραυνός (m) thunder
κερδίζω to earn, to win

κέρδος (m) profit
κερί (n) candle, wax
κέρμα (n) coin
κεφάλι (n) head
κηδεία (f) funeral
κήπος (m) garden
κηπουρός (m) gardener
κιάλια (n/pl) binoculars
κιθάρα (f) guitar
κιλό (n) kilo(gram)
κίνδυνος (m) danger
κινηματογράφος (m) cinema
κίνηση (f) traffic
κινητό (n) mobile *(phone)*
κινούμαι to move
κίτρινος-η-ο (m-f-n) yellow
κλαίω to cry, in tears
κλαμπ (n) club
κλασική μουσική (f) classical music
κλέβω to rob, to steal
κλειδαριά (f) lock
κλειδί (n) key, spanner
κλειδώνω to lock
κλείνω to book
κλείνω to close, to hang up *(telephone)*,
    to shut, to switch off, to reserve
κλείνω το δρόμο to block the road
κλειστός-ή-ό (m-f-n) closed, off
    (TV, light), shut
κλεμμένος-η-ο (m-f-n) stolen
κλέφτης (m) thief
κλίμα (n) climate
κλιματισμός (m) air conditioning
κλινική (f) clinic
κλοπή (f) robbery
κλωστή (f) thread
κόβομαι to cut oneself
κόβω to cut
κοιλάδα (f) valley
κοιμάμαι to sleep
κοινό (n) public
κοινός-ή-ό (m-f-n) shared
κοινωνικός-ή λειτουργός (m-f)
    social worker
κοιτάζω to look *(at)*

κόκαλο (n) bone
κόκκινος-η-ο (m-f-n) red
κοκτέιλ (n) cocktail
κολάρο (n) collar
κόλαση (f) hell
κολέγιο (n) college
κολιέ (n) necklace
κόλλα (f) glue
κολλάει sticky
κολλάω to stick
κολόνια (f) eau de toilette
κόλπος (m) bay
κολύμπι (n) swimming
κολυμπώ to swim
κόμβος (m) roundabout
κόμικς (n/pl) comic *(magazine)*
κόμμα (n) political party
κομμάτι (n) piece
κομμουνισμός (m) communism
κομμωτής (m), κομμώτρια (f)
    hairdresser
κομπιουτεράκι (n) calculator
κόμπος (m) knot
κονιάκ (n) brandy
κονσέρβα (f) can, tin
κοντά close *(by)*, near
κοντάρι (n) pole, tent pole
κοντός-ή-ό (m-f-n) short
κοντσέρτο (n) concert
κορδέλλα (f) ribbon
κορδόνι (n) shoelace
κόρη (f) daughter
κορίτσι (n) girl
κορυφή (f) top *(mountain)*
κορώνα (f) crown
κόσκινο (n) sieve
κοσμηματοπωλείο (n) jeweller's shop
κόσμος (m) world
κότερο (n) yacht
κοτόπουλο (n) chicken
κουβαλώ to carry
κουβάς (m) bucket
κουβέρτα (f) blanket
κουδούνι (n) bell
κουζίνα (f) kitchen, cooker, stove

κουκέτα (f) couchette
κούκλα doll
κουμπί (n) button
κουνέλι (n) rabbit
κουνιάδα (f) sister-in-law
κουνιάδος (m) brother-in-law
κουνούπι (n) mosquito
κουνουπιέρα (f) mosquito net
κούπα (f) mug (cup)
κουπί (n) oar
κουπί του κανό (n) paddle (canoeing)
κουρασμένος-η-ο (m-f-n) tired
κουρείο (n) barber
κούρεμα (n) haircut
κουρτίνα (f) curtain
κουστούμι (n) suit (man's)
κουταλάκι (n) teaspoon
κουτάλι (n) spoon
κουτί (n) box
κουτί πρώτων βοηθειών (n) first aid kit
κουφός-ή-ό (m-f-n) deaf
κοφτερός-ή-ό (m-f-n) sharp
κόψιμο (n) cut
κραγιόν (n) crayon, lipstick
κράμπα (f) cramp
κράνος (n) helmet (motorbike)
κρασί (n) wine
κρατάω to hold, to keep
κρατημένος-η-ο (m-f-n) reserved
κράτηση (f) booking, reservation (hotel, etc.)
κρατώ to reserve
κρέας (n) meat
κρεβατάκι (n) cot
κρεβάτι (n) bed
κρεβατοκάμαρα (f) bedroom
κρεμ (n) cream (colour)
κρέμα (f) cream
κρέμα καθαρισμού (f) cleansing lotion
κρέμα μαλλιών (f) conditioner
κρέμα ξυρίσματος shaving cream
κρέμα προσώπου (f) face cream
κρέμα χεριών (f) hand cream
κρεμάστρα (f) coat-hanger
κρουαζιέρα (f) boat trip, cruise

κρύος-α-ο (m-f-n) cold
κρύσταλο (n) crystal
κτήμα (n) farm
κτηνίατρος (m/f) vet
κτίριο (n) building
κυβέρνηση (f) government
κύβος ζάχαρης (m) sugar lump
κύκλος (m) circle
κύκλος μαθημάτων (m) course (lessons)
κυλικείο (n) buffet
κυλιόμενες σκάλες (f/pl) escalator
κυλότα (f) knickers
κύμα (n) wave
κυματώδης-ης-ες (m-f-n) rough (sea)
κυνηγώ to hunt
κυρία (f) lady, madam, Mrs
κυρίες (f/pl) ladies
κύριος (m) gentleman, sir, Mr
κύριος-α-ο (m-f-n) main
κυστίτιδα (f) cystitis
κωμωδία (f) comedy

Λ, λ

λάδι (n) oil
λάθος (n) mistake, wrong
λάμπα (f) lamp, light bulb
λαστιχάκι (n) elastic band
λάστιχο (n) hose
λαχανικά (n/pl) vegetables
λαχείο (n) lottery
λείος-α-ο (m-f-n) smooth
λειτουργία (f) mass (church)
λειτουργώ to function (work)
λεκές (m) stain
λέκτορας (m/f) lecturer
λεμονάδα (f) lemonade
λεμόνι (n) lemon
λέξη (f) word
λεξικό dictionary
λεπτό (n) minute
λεπτομέρεια (f) detail
λεπτός-ή-ό (m-f-n) slim, thin
λεσβία (f) lesbian
λευκοπλάστης (m) plaster (sticking)
λευχεμία (f) leukemia

λεφτά (n/pl) money
λέω to say, to tell
λεωφορείο (n) bus
ληστεύω to mug (someone)
λιβάδι (n) meadow
λίγο bit, a little
λιγότερος-η-ο (m-f-n) less
λικέρ (n) liqueur
λιμάνι (n) harbour, port
λίμνη (f) lake
λιοντάρι (n) lion
λιπαρός-η-ο (m-f-n) greasy
λιποθυμώ to faint
λίρα στερλίνα (f) pound (sterling)
λίτρο (n) litre
λογαριασμός (m) bill, account (bank)
λόγος (m) reason
Λονδίνο (n) London
λόξυγγας hiccups
λοσιόν (f) lotion
λουκέτο (n) padlock
λουλούδι (n) flower
λούνα παρκ (n) amusement park, funfair
λουρί (n) strap
λουτρό (n) bathroom
λόφος (m) hill
λυπημένος-η-ο (m-f-n) sad
λύσσα (f) rabies

M, μ

μ' αρέσει I like (a single thing)
μ' αρέσουν I like (many things)
μαγαζί (n) shop
μάγειρας (m) cook, chef
μαγειρεμένος-η-ο (m-f-n) cooked
μαγειρεύω to cook
μαγιό (n) swimsuit, swimming trunks
μάγουλο (n) cheek
μαθαίνω to learn
μάθημα (n) lesson
μαθηματικά (n/pl) mathematics
μαθητής (m), μαθήτρια (f) learner, student
μακαρόνια (n/pl) pasta
μακιγιάζ (n) make-up
μακριά away, far, long-distance

μακρύς-ιά-ύ (m-f-n) long
μαλακός-ή-ό (m-f-n) soft
μαλλί (n) wool
μαλλιά (n/pl) hair
μαλώνω to fight
μανάβικο (n) greengrocer
μανίκι (n) sleeve
μανό (n) nail polish
μανταλάκια (n/pl) clothes pegs
μαντηλάκια καθαρισμού για μωρά
    baby wipes
μαντήλι (n) handkerchief
μαξιλάρι (n) cushion, pillow
μαξιλαροθήκη (f) pillowcase
μαργαρίνη (f) margarine
μάρκα (f) brand
μάρμαρο (n) marble
μαρμελάδα (f) jam
μαρούλι (n) lettuce
μας our, us
μασέλα (f) denture
μαστός (m) breast
μάτι (n) eye
ματιά (f) look
μαύρισμα (n) suntan
μαύρο ψωμί (n) wholemeal bread
μαυροδάφνη a sweet, fortified,
    port-like wine
μαύρος-η-ο (m-f-n) black
μαχαίρι (n) knife
μαχαιροπήρουνα (n/pl) cutlery
με with
με me
με ανθρακικό fizzy
με επιστροφή return ticket
με τα πόδια on foot
με τίναξε το ρεύμα shock (electrical)
με το αυτοκίνητο by car
με το λεωφορείο by bus
με το τρένο by train
Μεγάλη Παρασκευή (f) Good Friday
μεγάλος-η-ο (m-f-n) big, large
μεγαλύτερος-η-ο (m-f-n) bigger
μεζούρα (f) tape measure
μεθαύριο day after tomorrow

μεθυσμένος-η-ο drunk
μελάνι (n) ink
μελανιά (f) bruise
μέλισσα (f) bee
μέλος (n) member
μενού (n) set menu
μένω κατάπληκτος-η shocked
μέρα (f) day
μερίδα (f) portion
μερικές φορές sometimes
μερικοί-ές-ά (m-f-n) some, several, (a) few
μέρος (n) part, place
μέσα in, indoors, into
μέσα από through
μέσα σε inside
μεσαίος-α-ο (m-f-n) medium *(size)*
μεσαιωνικός-ή-ό (m-f-n) medieval
μεσάνυχτα (n/pl) midnight
μέση (f) middle, waist
μεσήλικας (m/f) middle-aged
μεσημέρι (n) afternoon, midday
μεσημεριανό (n) lunch
μεσίτης (m), μεσίτρια (f) estate agent
μεσογειακός-ή-ό (m-f-n) Mediterranean
μέσω via
μετά after
μεταδοτικός-ή-ό (m-f-n) infectious
μετακομίζω to move house
μέταλλο (n) metal
μετάξι (n) silk
μεταξύ between
μετασχηματιστής (m) adaptor
μεταφορά δεδομένων download
μεταφράζω to translate
μετάφραση (f) translation
μετρώ to measure
μέτρηση (f) measurement
μετρητά (n/pl) cash
μετρητής (m) meter
μετρό (n) underground railway *(metro)*
μέτρο (n) metre
μετρώ to count
μέχρι until
μη καπνίζοντες non-smoking
μη οινοπνευματώδες non-alcoholic

μήλο (n) apple
μήνας (m) month
μήνας του μέλιτος (m) honeymoon
μηνιαίως monthly
μητέρα (f) mother
μητριά (f) step-mother
μητρόπολη (f) cathedral
μηχανάκι (n) moped
μηχανάκι (n) scooter
μηχανή (f) engine, machine, motor
μηχανικός (m) engineer, mechanic
μία (f) a, an
μία φορά once
μίας χρήσης disposable
μίγμα (n) mixture
μικρό όνομα (n) Christian name
μικρός-ή-ό (m-f-n) little, small
μικτός-ή-ό (m-f-n) mixed
μιλάω to speak, to talk
μίλι (n) mile
μίνι ντισκ (n) mini-disc
μινιμπάς (m) minibus
μισή ώρα (f) half an hour
μισθός (m) wage
μισό (n) half
μισός-ή-ό (m-f-n) half *(adj.)*
μισοτιμής half price
μισοφόρι (n) petticoat
μισοψημένος-η-ο (m-f-n) medium *(steak)*
μισώ to hate
μνημείο (n) monument
μνήμη (f) memory, CD-ROM
μόδα (f) fashion
μοκέτα (f) fitted carpet
μόλυβδος (m) lead
μολύβι (n) pencil
μόλυνση (f) infection, pollution
μολυσμένος-η-ο (m-f-n) infected, polluted
μονά κρεβάτια twin beds
μοναστήρι (n) abbey, convent, monastery
μόνο only, just
μονόκλινο (n) single *(room)*
μονοπάτι (n) path, footpath, track
μόνος-η-ο (m-f-n) lonely, alone
μοντέλο (n) model *(fashion, kit, design)*

μόντεμ (n) modem
μοντέρνος-α-ο (m-f-n) modern
μοτοσυκλέτα (f) motorbike
μου my
μουντός-ή-ό (m-f-n) dull (weather)
μους κτενίσματος (n) styling mousse
μουσαμάς (m) groundsheet
μουσείο (n) museum
μουσική (f) music
μουσικός (m/f) musician
μουσουλμάνος-α (m-f) Muslim
μουστάκι (n) moustache
μπαίνω to come in, to enter, to go in
μπακάλικο (n) grocer
μπάλα (f) ball
μπαλέτο (n) ballet
μπανάνα (f) banana
μπάνιο (n) bath, bathroom
μπαρ (n) bar
μπάσκετ (n) basketball
μπαστούνι (n) walking stick
μπαστούνια του γκολφ (n/pl) golf clubs
μπαταρία (f) battery
μπαχαρικό (n) spice
μπεζ (n) beige
μπέιζμπολ (n) baseball
μπέικον (n) bacon
μπέιμπι-σίτερ (f) babysitter
μπιμπερό (n) baby's bottle
μπισκότο (n) biscuit
μπιτόνι (n) petrol can
μπλε (n) blue
μπλοκ (n) notepad, writing pad
μπλοκ εισιτηρίων (n) booklet of bus tickets
μπλοκαρισμένος- η-ο (m-f-n)
  blocked (road)
μπλούζα (f) blouse
μπογιά (f) paint
μπολ (n) bowl
μπορώ can (to be able)
μπότα (f) boot (shoe)
μπότες του σκι (f/pl) ski boots
μποτιλιάρισμα (f) traffic jam
μπουκάλι (n) bottle
μπουφέ (n) buffet

μπρατσάκια (n/pl) armbands (swimming)
μπράτσο (n) arm
μπρελόκ (n) key ring
μπροσούρα (f) brochure
μπροστά forward, front
μπροστά από in front of
μπρούτζος (m) brass
μπύρα (f) beer, lager
μυαλό (n) brain
μύγα (f) fly
μύλος (m) mill
μύνημα (n) message, email
μυρίζω to smell
μυρωδιά (f) smell
μυστικό (n) secret
μύτη (f) nose
μωρό (n) baby

N, ν

ναι yes
ναρκομανής drug addict
ναρκωτικό (n) drug
ναυαγοσώστης attendant (bathing)
ναυαγοσώστης–τρια (m-f) lifeguard
ναυαγοσωστική λέμβος (f) lifeboat
νάυλον (n) nylon
ναύτης (m) sailor
ναυτία (f) travel sickness
ναυτικό (n) navy
νέα (n/pl) news
νέα διεύθυνση (f) forwarding address
νεκρός-ή-ό (m-f-n) dead
νεκροταφείο (n) cemetery
νέος-α-ο (m-f-n) young
νεότητα (f) youth
νερό (n) water
νερό μπαταρίας distilled water
νεροχύτης (m) sink
νευρικός-ή-ό (m-f-n) nervous
νεφρό (n) kidney
νησί (n) island
νηφάλιος-α-ο (m-f-n) sober
νιπτήρας (m) basin, wash-basin
νοικιάζω to hire, to rent
νοικοκυρά (f) housewife

νοικοκυριό (n) housework
νομικά (n/pl) law *(study subject)*
νόμιμος-η-ο (m-f-n) legal
νοσοκόμα (f), νοσοκόμος (m) nurse
νοσοκομείο (n) hospital
νότος (m) south
νούμερο (n) size *(clothes, shoes)*
ντεκαφεϊνέ decaffeinated
ντεμοντέ old-fashioned
ντίζελ diesel
ντισκ τζόκεϊ DJ
ντισκοτέκ disco
ντομάτα (f) tomato
ντουλάπι (n) cupboard
ντουμπλαρισμένος-η-ο (m-f-n) dubbed
ντους (n) shower
ντρέσινγκ salad dressing
ντύνομαι to put on *(clothes)*, get dressed
ντύνω to dress
νύφη (f) bride, daughter-in-law
νυχοκόπτης (m) nail clippers
νύχτα (f) night
νυχτερινό κέντρο (n) nightclub
νυχτικιά (f) nightdress
νωρίς early

Ξ, ξ

ξάδελφος-η (m-f) cousin
ξανά again
ξανθός-ή-ό (m-f-n) blonde, fair *(haired)*
ξαπλώνω to lie down
ξαπλώστρα (f) deckchair
ξαφνικά suddenly
ξεβάφει colour-fast
ξεβιδώνω to unscrew
ξεκουράζομαι to rest
ξενάγηση (f) guided tour
ξενοδοχείο (n) hotel
ξένος-η (m-f) foreigner
ξένος-η-ο (m-f-n) foreign
ξενώνας νέων (m) youth hostel
ξεπαγώνω defrost
ξέρω to know *(something)*
ξεφλουδίζω to peel
ξεχνώ to forget

ξηρός καρπός (m) nut
ξηρός-ή-ό dry
ξινός-ή-ό (m-f-n) sour
ξοδεύω to spend *(money)*
ξύδι (n) vinegar
ξύλα (n/pl) firewood
ξύλο (n) wood, stick
ξυνισμένος-η-ο (m-f-n) sour *(milk)*
ξυπνητήρι (n) alarm clock
ξυραφάκι (n) razor blade
ξυράφι (n) razor
ξυρίζομαι to shave
ξύρισμα (n) shave

O, o

ο (m) the
οδηγός (m) guidebook
οδηγός (m/f) guide, driver
οδηγός λεωφορείου (m) bus-driver
οδηγώ to drive
οδικά έργα (n/pl) roadworks
οδοντίατρος (m) dentist
οδοντόβουρτσα (f) toothbrush
οδοντογλυφίδα (f) toothpick
οδοντόκρεμα (f) toothpaste
οθόνη (f) screen
οικογένεια (f) family
οικοδεσπότης-τρια (m-f) host
οικοδομή (f) building site
οικοδόμος (m) builder
οικολογικός-ή-ό (m-f-n)
    environmentally friendly
οικονομία (f) economy
οικονομικά (n/pl) economics, finance
οικονομικός-ή-ό (m-f-n) economical
οινόπνευμα (n) alcohol
οινοπνευματώδες (n) alcoholic *(content)*
οινοπνευματώδη ποτά (n/pl) spirits
όλοι-ες-α (m-f-n) all
ολόκληρος-η-ο (m-f-n) whole *(adj.)*
όλος-η-ο (m-f-n) whole
ομάδα (f) group, team
ομίχλη (f) fog, mist
ομιχλώδης-ης-ες (m-f-n) foggy
ομοιοπαθητικός-η-ο (m-f-n) homeopathic

όμοιος-α-ο (m-f-n) like *(similar to)*
όμορφος-η-ο (m-f-n) pretty
ομοφυλόφιλος-η (m-f) homosexual, gay
ομπρέλα (f) umbrella
ομπρέλα θαλάσσης (f) sunshade
όνομα (n) name
ονομάζομαι to be called
οξύς-οξεία-οξύ (m-f-n) acidic *(adj.)*
οπαδός (m) sports team supporter
   (e.g. football)
όπερα (f) opera
οπίσθια (n/pl) bottom
όπλο (n) gun
οπουδήποτε anywhere
οπτικός (m/f) optician
όπως as *(like)*
όραση (f) sight *(vision)*
οργανωμένη εκδρομή (f) package tour
οργανώνω to organise
ορειβασία (f) mountaineering
ορειβάτης (m) climber
ορεκτικό (n) starter *(food)*
όριο ταχύτητας (n) speed limit
ορίστε; pardon?
όσο το δυνατόν συντομότερα
   as soon as possible
οστό (n) bone
Ουαλία (f) Wales
Ουαλός (m), Ουαλή (f) Welsh
ουρά (f) queue
ούρα (n/pl) urine
ουρανός (m) heaven, sky
ούτε ... ούτε ... neither ... nor...
οχετός drain
όχημα (n) vehicle
όχι no

Π, π

πάγκος (m) counter *(post office)*
παγκόσμιος-α-ο (m-f-n) universal
παγοδρόμειο (n) ice rink
πάγος (m) ice
παγωμένος-η-ο (m-f-n) frozen, icy
παγωνιά (f) frost
παγώνω to freeze

παθαίνω βλάβη to break down
πάθος (n) passion
παιχνίδι (n) toy
παιδί (n) child
παιδιά (n/pl) children
παίζω to play, to act
παίρνω to get, to take, to take *(time)*
πακέτο (n) packet, parcel
παλάτι (n) palace
πάλι again
παλιός-ά-ό (m-f-n) old
παλίρροια (f) tide *(high/low)*
παλτό (n) coat
πάμε! let's go!
πάνα (f) nappy
Παναγία (f) Virgin Mary
πανεπιστήμιο (n) university
πάνες μίας χρήσης disposable nappies
πανηγύρι (n) fair
πανί (n) sail
πανί (n) cloth
πανσιόν (f) guest house
πάντα always
παντελόνια (n/pl) trousers
παντζούρι (n) shutter
παντού everywhere
παντρεμένος-η-ο (m-f-n) married
παντρεύομαι to get married
πάνω above, on, up, upstairs
πάνω από over
πάνω σε on top of
παξιμάδι (n) nut *(for a bolt)*
παπάκι (n) scooter
παπάς (m) priest
πάπια duck
πάπλωμα duvet
παπούτσι(α) (n) shoe(s)
Πάππας (m) Pope
παππούς (m) grandfather
παραγγελία (f) order
παραγγέλνω to order
παραγωγός (m/f) producer *(radio/TV/film)*
παράδειγμα (n) example
παραδίνω to deliver
παράδοση (f) delivery

παραδοσιακή μουσική (f) folk music
παραδοσιακός-ή-ό (m-f-n) traditional
παράθυρο (n) window
παρακαλώ please
παρακαμπτήριος diversion
παρακεταμόλη για παιδιά Calpol
παρακολουθώ to watch
παραλία (f) beach
παράλυτος-η-ο (m-f-n) paralysed
παραμάνα (f) safety pin
παραμένω to remain
Παραμονή Χριστουγέννων (f)
    Christmas Eve
παράξενος-η-ο (m-f-n) strange
παραπονιέμαι to complain
παράπονο (n) complaint
παράσταση (f) performance
παραφίνη (f) paraffin
παρεκκλήσι (n) chapel
παρελθόν (n) past
παρθένος-α-ο (m-f-n) virgin
παρκάρω to park
πάρκινγκ (n) car park, parking
πάρκο (n) park
παρκόμετρο (n) parking meter
πάρτι (n) party
πασσαλάκι (n) tent peg
πάστα (f) slice (of gateau)
πάστα (f) pastry
Πάσχα (n) Easter
πατάτα (f) potato
πατατάκια (n/pl) potato crisps
πατάτες τηγανητές (f/pl) chips
πατάω to press
πατέρας (m) father
πατερίτσα (f) crutch
πατίνια (n/pl) skates (ice)
πατριός (m) step-father
πάτωμα (n) floor
παυσίπονο (n) painkiller
πάχος (n) fat (noun)
παχύς-ιά-ύ (m-f-n) fat (adj.)
πάω to go
πάω για ψώνια shopping: to go shopping
πέδιλα (n/pl) sandals

πεζοδρόμιο (n) pavement
πεζός (m) pedestrian
πεθαίνω to die
πέθανε died
πεθερά (f) mother-in-law
πεθερός (m) father-in-law
πεινασμένος-η-ο (m-f-n) hungry
πεινάω to be hungry
πείρα (f) experience
πειράζει: δεν πειράζει matter: it doesn't
    matter
πενικιλίνη (f) penicillin
πεντανόστιμος-η-ο (m-f-n) delicious
περασμένος-η-ο (m-f-n) previous
περιβάλλον (n) environment
περιγραφή (f) description
περιγράφω to describe
περίεργος-η-ο (m-f-n) odd (peculiar)
περιμένω to wait (for), to expect
περιοδικό (n) magazine
περίοδος (f) period (menstrual)
περιορισμένος-η-ο (m-f-n) limited
περιουσία (f) property
περιοχή (f) region, area, district
περίπατος (m) walk
περίπλοκος-η-ο (m-f-n) complicated
περιπολικό (n) police car
περίπου approximately
περίπτερο (n) newspaper kiosk
περμανάντ (f) perm
περνάω to pass (on road, test, exam, time)
περνώ to cross (border)
πέρνω to dial
περνώ από τον έλεγχο εισιτηρίων
    to check in
περπατώ: πάω βόλτα to walk: to go
    for a walk
πέστροφα (f) trout
πετάλι (n) pedal
πεταλούδα (f) butterfly
πετάω to throw away
πέτρα (f) stone
πετρέλαιο (n) petrol
πετρογκάζ (n) butane gas, camping gas
πετσέτα (f) towel, tea-towel, napkin

πετώ to fly
πέφτω to fall *(down/over)*
πηγαίνω to go
πηγαίνω σπίτι to go home
πηγούνι (n) chin
πηδάω to jump
πηρούνι (n) fork
πιάνο (n) piano
πιασμένος-η-ο (m-f-n) occupied,
  taken *(seat)*
πιατάκι (n) saucer
πιάτο (n) plate, dish
πιάτσα ταξί (f) taxi rank
πινγκ-πονγκ (n) table tennis
πιθανός-ή-ό (m-f-n) likely, possible
πικάπ (n) record-player
πικ-νικ (n) picnic
πικρός-ή-ό (m-f-n) bitter
πιλότος (m) pilot
πίνακας (m) painting
πινακίδα (f) sign
πίνω to drink
πίπα (f) pipe *(smoking)*
πιπέρι (n) pepper
πιπίλα dummy *(baby's)*
πισίνα (f) swimming pool
πιστεύω to believe
πίστη (f) faith
πιστολάκι (n) hairdryer
πιστοποιητικό (n) certificate
πιστοποιητικό ασφάλειας (n) insurance
  document
πιστωτική κάρτα (f) credit card
πίσω από behind
πίσω πλευρά (f) back *(reverse side)*
πλαζ (f) beach
πλαστική σακκούλα (f) plastic bag
πλαστικό προστατευτικό βρακάκι
  (n) nappy liner
πλαστικός-ή-ό (m-f-n) plastic
πλατεία (f) square, stalls *(theatre)*
πλατύς-ιά-ύ (m-f-n) wide
πλειστηριασμός (m) auction
πλεκτή ζακέτα (f) cardigan
πλέκω to knit

πλένεται washable
πλένω to wash
πλέξιμο (n) knitting
πλευρά (f) side
πλέω to sail
πληγή (f) wound *(injury)*
πλήθος (n) crowd
πλημμύρα (f) flood
πλήρης διατροφή full board
πληροφορίες (m/pl) information
πληρώνω to pay
πληρώνω μετρητά to pay cash
πλοίο (n) boat, ship
πλούσιος-α-ο (m-f-n) rich
πλυντήριο (n) launderette
πλυντήριο αυτοκινήτων (n) car wash
πλυντήριο πιάτων (n) dishwasher
πλυντήριο ρούχων (n) washing machine
πλύσιμο (n) washing
πλώρη (f) bow *(ship)*
πνευμονία (f) pneumonia
πνίγω to drown
ποδηλασία (f) cycling
ποδηλάτης (m) cyclist
ποδήλατο (n) bicycle
ποδήλατο θαλάσσης (n) pedal-boat
  (pedalo)
πόδι (n) foot, leg
ποδόσφαιρο (n) football
ποιος-α-ο; (m-f-n) which?, who?
ποιότητα (f) quality
πόλεμος (m) war
πόλη (f) city, town
πολιτική (f) politics
πολιτικός (m/f) politician
πολλή (f) much
πολλοί-ές-ά (m-f-n) many, a lot *(of)*
πολύ very, too *(adverb)*
πολύ (n) much
πολυκατάστημα (n) department store
πολύς (m) much
πολύτιμος-η-ο (m-f-n) valuable
πονάει it hurts, painful, sore
πονάει το αυτί μου ear ache
πονάω to hurt

πονόδοντος (m) toothache
πόνοι περιόδου (m/pl) period pains
πονοκέφαλος (m) headache
πόνος (m) ache, pain
ποπ (f) pop *(music)*
πορσελάνη (f) china, porcelain
πόρτα door, gate
πορτοκαλής-ιά-ί (m-f-n) orange *(colour)*
πορτοκάλι (n) orange *(fruit)*
πορτοφόλι (n) purse, wallet
πορτρέτο (n) portrait
πορφυρός-ή-ό (m-f-n) purple
πόση ώρα; how long?
ποσό (n) amount *(money)*
πόσο μακριά; how far?
πόσο συχνά; how often?
πόσοι-ες-α; how many?
πόσος-η-ο; how much?
ποτάμι (n) river
ποτέ never
ποτήρι (n) glass
ποτό drink
πού where
πουθενά nowhere
πουκάμισο (n) shirt
πουλάω to sell
πουλί (n) bird
πούλμαν (n) coach
πουλόβερ (n) jumper, sweater
πούρο (n) cigar
πράγμα (n) thing
πραγματικός-ή-ό (m-f-n) real *(authentic)*
πρακτορείο (n) agency, travel agency
πρασιά (f) hedge
πράσινος-η-ο (m-f-n) green
πρατήριο βενζίνης (n) petrol station
πρέπει must: you must
πρεσβεία (f) embassy
πρέσβης (m/f) ambassador
πρήξιμο (n) swelling, lump
πρησμένος-η-ο (m-f-n) swollen
πρίγκηπας (m) prince
πριγκήπισσα (f) princess
πρίζα (f) socket
πριν ago

πριν από before
προάστειο (n) suburb
πρόβατο (n) sheep
πρόβλημα (n) problem
προβλήτα (f) jetty
προγονοί (m), προγονές (f) step-children
πρόγραμμα (n) programme, software
προγραμματιστής (m), προγραμματίστρια
(f) computer programmer
προέκταση καλωδίου (f) extension cable
προϊστάμενος, (m) προϊσταμένη
(f) manager
προκαλώ to cause
προκαταβολή (f) deposit
προκαταβολικώς in advance
προκυμαία (f) quay
προλαβαίνω to catch *(train/bus)*
προξενείο (n) consulate
προορισμός (m) destination
προς towards
προσβολή (f) insult
προσγειώνομαι to land
προσεκτικός-ή-ό (m-f-n) careful
προσκαλώ to invite
πρόσκληση (f) invitation
προσοχή (f) caution
προσπαθώ to try
προσπερνάω to overtake
προστατεύει το όζον ozone-friendly
πρόστιμο (n) fine *(penalty)*
προσφορά (f) offer
πρόσφυγας (m/f) refugee
προσωπικός-ή-ό (m-f-n) personal
πρόσωπο (n) face
προσωρινός-ή-ό (m-f-n) temporary
πρόταση (f) sentence
προτεστάντης (m), προτεστάντισσα
(f) protestant
προτιμώ to prefer
προφέρω to pronounce
προφυλακτήρας (m) bumper *(car)*
προφυλακτικό (n) condom
προχτές day before yesterday
προχωρημένος-η-ο (m-f-n) advanced
(level)

πρωθυπουργός (m) prime minister
πρωί (n) morning
πρωινό (n) breakfast
πρώτες βοήθειες (f/pl) first aid
πρωτεύουσα (f) capital *(city)*
Πρώτος Παγκόσμιος Πόλεμος
   (m) World War One
πρώτος-η-ο (m-f-n) first
πρωτότυπος-η-ο (m-f-n) original
Πρωτοχρονιά (f) New Year's Day
πτήση (f) flight
πτυχείο (n) university degree
πυξίδα (f) compass
πύργος (m) tower
πυρετός (m) fever
πυρηνική ενέργεια (f) nuclear power
πυροσβεστήρας (m) fire extinguisher
πυροσβεστική (f) fire brigade
πυροτέχνημα (n) firework
πυτζάμες (f/pl) pyjamas
πωλητής, πωλήτρια (m, f) sales rep,
   shop assistant
πώς; how?

Ρ, ρ

ραββίνος (m) rabbi
ράβω to sew
ραδιενεργός-ή-ό (m-f-n) radioactive
ραδιοφωνικός σταθμός (m) radio station
ραδιόφωνο (n) radio
ρακέτα (f) racket *(tennis)*
ράλι (n) motor racing
ραντεβού (n) appointment
ράντζο (n) camp bed
ράφι (n) shelf
ράφτης (m) tailor
ράψιμο (n) sewing
ρεζέρβα (f) spare tyre
ρεσεψιόν (f) reception
ρεσεψιονίστ (m/f) receptionist
ρεύμα (n) draught *(air)*
ρεύμα (n) electricity
ρεύμα (n) current, power, stream
ρευματισμοί (m/pl) rheumatism
ρίγα (f) stripe

ρινορραγία (f) nosebleed
ρίχνω to throw
ρόδα (f) wheel
ροζ (n) pink
ρολόι (n) clock, wrist watch
ρούμι (n) rum
ρούχα (n/pl) clothes
ρούχα για πλύσιμο laundry
ρύζι (n) rice
ρυμουλκό (n) breakdown truck
ρυμουλκώ to tow
ρωτώ to ask

Σ, σ

σαββατοκύριακο (n) weekend
σαγόνι (n) jaw
σαινιάν rare *(steak)*
σακκάκι (n) jacket
σάκκος (m) rucksack
σακούλα (f) carrier bag
σακούλα σκουπιδιών (f) bin liner
σαλάτα (f) salad
σαλιάρα (f) bib
σαλόνι (n) living-room, lounge
σάλτσα (f) sauce
σαμπάνια (f) champagne
σαμπουάν (n) shampoo
σαν like *(similar to)*
σάντουιτς (n) sandwich
σάουνα (f) sauna
σάπιος-α-ο (m-f-n) rotten
σαπούνι (n) soap
σας your *(many people)*
σγουρός-ή-ό (m-f-n) curly
σε at, to
σε απεργία on strike
σε διακοπές on holiday
σε δουλειά on business
σε κονσέρβα tinned
σε περίπτωση που in case
σε σύγκριση με compared with
σε φέτες sliced
σε φόρμα fit *(healthy)*
σειρά (f) row *(theatre, etc.)*
σεισμός (m) earthquake

σελίδα (f) page
σελοτέιπ (n) sticky tape
σεντόνι (n) sheet
σεξ (n) sexual intercourse
σερβιέτες (f/pl) sanitary towels
σερβίρω to serve
σέρβις (n) service (charge)
σερβιτόρα (f) waitress
σηκώνομαι to stand up
σήμα (n) signal
σήμα επιλογής dialling tone
σημαία (f) flag
σημαίνει: τι σημαίνει αυτό; mean:
    what does this mean?
σημαντικός-ή-ό (m-f-n) important
σημείο (n) point
σήμερα today
σίγουρος-η-ο (m-f-n) positive (sure)
σίδερο (n) iron (for clothes)
σιδερώνω to iron
σιδηροδρομικός σταθμός (m) railway
    station
σιδηρόδρομος (m) railway
σίδηρος (m) iron (metal)
σινεμά (n) cinema
σιωπηλός-ή-ό (m-f-n) silent
σκάκι (n) chess
σκάλα (f) ladder
σκάλες (f/pl) stairs
σκαρφαλώνω to climb
σκέτος (m) black coffee
σκέφτομαι to think
σκηνή (f) scene, tent
σκι (n) ski, skiing
σκι (n/pl) water-skis
σκιά (f) shade (not sunny), shadow
σκληρός δίσκος (m) hard drive
σκληρός-ή-ό (m-f-n) hard, stiff,
    tough (meat)
σκόνη dust
σκόνη πλυσίματος (f) washing powder
σκονισμένος-ή-ό (m-f-n) dusty
σκόρδο (n) garlic
σκοτεινός-ή-ό (m-f-n) dark
σκοτώνω to kill

σκουλαρίκι (n) earring
σκούπα (f) broom
σκουπίδια (n/pl) litter, rubbish
σκουπιδοντενεκές dustbin
σκουπίζω to sweep
σκουριασμένος-η-ο (m-f-n) rusty
σκούρο μπλε (n) navy blue
σκύβω έξω to lean out
σκύλος dog
σκωληκοειδίτιδα (f) appendicitis
Σκωτία (f) Scotland
Σκωτσέζος-α (m-f) Scottish
σλιπάκια (n/pl) underpants
σλίπινγκ-μπαγκ (n) sleeping bag
σμάλτο (n) enamel
σοβαρός-ή-ό (m-f-n) serious
σοκ (n) shock (emotional)
σοκάκι (n) alley
σοκολάτα (f) chocolate
σολομός (m) salmon
σόμπα (f) heater
σορτς (n) shorts
σοσιαλισμός (m) socialism
σου your (one person)
σουγιάς (m) penknife
σούπα (f) soup
σουπερμάρκετ (n) supermarket
σουτιέν (n) bra
σπάγγος (m) string
σπάνιος-α-ο (m-f-n) rare
σπασμένος-η-ο (m-f-n) broken
σπάω to break (inc. limb)
σπηλιά (f) cave
σπίτι (n) home, house
σπιτονοικοκυρά (f) landlady
σπιτονοικοκύρης (m) landlord
σπορ (n) sport
σπουδάζω to study
σπουδές επιχειρήσεων (f/pl) business
    studies
σπρέι (n) spray
σπρέι για τα μαλλιά (n) hairspray
σπρώχνω to push
σπυρί (n) spot
σταγόνες για το αυτί (f/pl) eardrops

στάδιο (n) stadium, racecourse
στάζω to drip
σταθμός (m) station
σταθμός λεωφορείων (m) bus station
σταματήστε! stop!
σταματώ to stop
σταρ του σινεμά (m/f) film star
στάση (f) stop (bus)
στάση λεωφορείου (f) bus stop
σταυροδρόμι (n) crossroads
σταυρός (m) cross
στάχτη (f) ash
στέγη (f) roof
στεγνός-ή-ό (m-f-n) dry
στεγνώνω to blow-dry
στέκομαι to stand
στέλνω to send
στέλνω μήνυμα to email, to text
στενό (n) turning (side road)
στενός-ή-ό (m-f-n) tight (clothes)
στέρεο (n) stereo
στέρεος-α-ο (m-f-n) solid
στήθος (n) breast
στην (f) to (with named places)
στην εξοχή in the country
στην πραγματικότητα in fact
στην υγειά σας! cheers!
στιγμή (f) moment
στιγμιαίος καφές (m) instant coffee
στο (n) to (with named places)
στο παρελθόν in the past
στο σπίτι at home
στοιχεία (n/pl) data
στοιχίζει to cost
στολή (f) uniform
στολή κατάδυσης (f) wetsuit
στόμα (n) mouth
στομάχι (n) stomach
στομαχική διαταραχή (f) stomach upset
στομαχόπονος (m) stomach ache
στον (m) to (with named places)
στον πρώτο όροφο on the first floor
στούντιο (n) studio (radio/TV)
στόχος (m) goal
στραβός-ή-ό (m-f-n) bent

στραμπουλώ to sprain
στρατιώτης (m) soldier
στρατός (m) army
στρογγυλός-ή-ό (m-f-n) round
στροφή (f) bend
στρώμα (n) mattress
στρώμα θαλάσσης (n) air mattress
στυλ (n) style
στυλό (n) ballpoint pen, pen
στύλος (m) lamp post
συγγραφέας (m/f) author, writer
συγκρότημα (n) band (music)
συγνώμη excuse me, I am sorry
σύζυγος (f) wife
σύζυγος (m) husband
συκώτι (n) liver
συλλέγω to collect
συλλογή (f) collection (e.g. stamps)
συλλογή σκουπιδιών (f) collection
    (rubbish)
συμβαίνει to happen
συμβόλαιο (n) contract
σύμβουλος, καθηγητής (m) consultant
συμπεριλαμβανομένου-ης-ου (m-f-n)
    included
συμπλήρωμα (n) supplement
σύμπτωμα (n) symptom
συμφωνώ to agree
συναγερμός (m) alarm
συναγωγή (f) synagogue
συνάδελφος (m/f) colleague
συνάντηση (f) meeting
συνδέομαι to get through (phone)
σύνδεση με το διαδίκτυο (n) internet
    connection
σύνδεση, ανταπόκριση (f) connection
συνέδριο (n) conference
συνειδητός-ή-ό (m-f-n) conscious
συνέντευξη (f) interview
συνεχίζω to carry on, continue
συνήθεια (f) habit
συνθέτης (m) composer
συνθετικός-ή-ό (m-f-n) synthetic
συννεφιασμένος-η-ο (m-f-n) cloudy,
    overcast

σύννεφο (n) cloud
σύνολο (n) total
σύνορα (n/pl) frontier
συνταγή (f) prescription, recipe
σύνταξη (f) pension
συνταξιούχος (m/f) pensioner, retired, senior citizen
συντήρηση (f) conservation
συντηρητικός-ή-ό (m-f-n) conservative
σύντομα soon
σύντοφος (m/f) partner
συντριβάνι (n) fountain
συντροφιά (f) company
συρματόσχοινο (n) tow rope
συρτάρι drawer
σύστημα (n) system
συστημένος-η-ο (m-f-n) registered (letter)
συστήνω to introduce, to recommend
συχνά frequent, often
σφιχτό (αυγό) (n) boiled egg
σφουγγάρι (n) sponge (bath)
σφράγισμα (n) filling (dental)
σφυρί (n) hammer
σχεδία (f) raft
σχεδιάζω to design, to draw
σχεδιαστής-στρια (m-f) designer
σχέδιο (n) design, drawing, pattern, plan
σχέση (f) relation
σχίζω tear (rip)
σχισμένος-η-ο (m-f-n) torn
σχοινί (n) rope
σχοινί στήριξης (n) guy rope
σχολείο (n) school
σώζω to rescue
σωλήνας (m) tube (pipe), drain pipe
σώμα (n) body
σωσίβιο (n) lifebelt, lifejacket
σωστός-ή-ό (m-f-n) correct

T, τ

τα βγάζω πέρα to manage (cope)
τα δύο (m-f-n) both
τα πάντα everything
ταβάνι (n) ceiling

ταγιέρ (n) suit (woman's)
ταΐζω to feed (inc. baby)
ταινία (f) film (cinema)
ταιριάζω to fit, to match
τακούνι (n) heel (shoe)
τακτοποιημένος-η-ο (m-f-n) tidy
ταλκ (n) talcum powder
ταμείο (n) ticket office, box office, cash desk, cashier
ταμπόν (n) tampons
τανάλια (f) pliers
τάξη (f) class
ταξί (n) taxi
ταξιδεύω to travel
ταξίδι (n) crossing (sea), journey, trip
ταξιδιωτικές επιταγές (f/pl) traveller's cheques
τάπα (f) plug (bath)
ταράτσα (f) terrace
τασάκι (n) ashtray
τάση (f) voltage
ταύρος (m) bull
ταχυδρομείο (n) post office
ταχυδρομικός κώδικας (m) postcode
ταχυδρόμος (m/f) postman, postwoman
ταχυδρομώ to post
ταχύτητα (f) rate (speed)
τέλειος-α-ο (m-f-n) perfect
τελειωμένος-η-ο (m-f-n) complete (finished)
τελειώνω to end, to finish
τελείωσε (sing.), τελείωσαν (pl) sold out
τελευταίος-α-ο (m-f-n) last
τελεφερίκ (n) cable car, chair lift, ski-lift
τέλος (n) end
τελωνείο (n) customs
τεμπέλης-α-ικο (m-f-n) lazy
τενεκές bin (rubbish)
τένις (n) tennis
τέρμα (n) terminus
τέταρτο (n) quarter
τετράγωνο (n) rectangle
τέχνη (f) art
τεχνητός-ή-ό (m-f-n) artificial
τεχνικός-ή-ό (m-f-n) technical

τεχνολογία (f) technology
τζαζ (f) jazz
τζάκι (n) hearth, fire place
τζαμί (n) mosque
τζιν (n) denim, jeans, gin
τζόγκιν (n) jogging
τηγανητός-ή-ό (m-f-n) fried
τηγάνι (n) frying pan
τηγανίζω to fry
τηλεγράφημα (n) telegram
τηλεόραση (f) television
τηλεφώνημα (n) call (phone)
τηλεφωνικός θάλαμος (m)
    telephone kiosk
τηλεφωνικός κατάλογος (m)
    telephone directory
τηλεφωνικός κωδικός dialling code
τηλέφωνο (n) telephone
τηλέφωνο άμεσης βοήθειας (n)
    emergency telephone
τηλεφωνώ to call, to telephone
της (f) by (author, etc.), of
της μόδας fashionable/in fashion
της σχάρας grilled
τι; what?
τιμή (f) charge (money), price
τιμή εισόδου (f) admission charge
τιμή συναλλάγματος (f) exchange rate
τίμιος-α-ο (m-f-n) honest
τίποτ' άλλο anything else, nothing else
τίποτα nothing
τίποτα (n) anything
τιράντες (f/pl) braces
τμήμα (n) department, section
το (n) the
το πίσω μέρος rear
τοίχος (m) wall (inside)
τόκος (m) interest (money)
τομέας πληροφορικής (m) computer
    science
τόμπογκαν (n) toboggan
τόννος (m) tuna
τοπικό αναισθητικό (n) anaesthetic (local)
τοπικός-ή-ό (m-f-n) local
τοπίο (n) scenery

τοστ (n) toast
τότε then
του (m, n) by (author, etc.), of
τουαλέτες (f/pl) toilets
τουβλαδόρος (m) bricklayer
τούνελ (n) tunnel
τουρισμός (m) tourism
τουρίστας (m), τουρίστρια (f) tourist
τουριστικό γραφείο (n) tourist office
τους their
τραβάω to pull
τραγούδι (n) song
τραγουδώ to sing
τραμ (n) tram
τράπεζα (f) bank (money)
τραπεζαρία dining room
τραπέζι (n) table
τραύμα (n) injury
τραυματίζω to injure
τραυματισμένος- η-ο (m-f-n) injured
τρελλός-ή-ό (m-f-n) mad, crazy
τρένο (n) train
τρέχω to run
τριαντάφυλλο (n) rose
τριγυρισμένος-η-ο (m-f-n) surrounded by
τρίτος-η-ο (m-f-n) third
τρομαγμένος-η-ο (m-f-n) frightened
τρομερός-ή-ό (m-f-n) awful, terrible
τρομοκράτης (m/f) terrorist
τροφική δηλητηρίαση (f) food poisoning
τροχοπέδιλα (n/pl) roller-blades
τροχόσπιτο (n) trailer, caravan
τρύπα (f) hole
τρύπημα (n) puncture
τρυφερός-ή-ό (m-f-n) tender
τρώω to eat
τσαγιέρα (f) teapot
τσαγκάρης (m) shoe repairer's
τσάι (n) tea
τσάι από βότανα (n) herbal tea
τσάι σε φακελάκι (n) teabag
τσάντα (f) bag, handbag
τσάρτερ (n) charter flight
τσέπη (f) pocket
Τ-σερτ (n) T-shirt

τσιγάρο (n) cigarette
τσιμπάω to sting
τσίμπημα (n) insect bite, sting
τσιμπιδάκι (n) hairgrip
τσίχλα (f) chewing gum
τσούχτρα (f) jellyfish
τσόφλι (n) shell (egg, nut)
τυλίγω to wrap (up)
τύμπανο drum
τυπικός-ή-ό (m-f-n) typical
τύπος (m) press (newspapers)
τυπώνω to print
τυρί (n) cheese
τυφλός-ή-ό (m-f-n) blind
τώρα now

Υ, u

υγεία (f) health
υγιεινές τροφές (f/pl) health foods
υγιής-ής-ές (m-f-n) healthy
υγραέριο (n) lighter fuel
υγρασία (f) damp
υγρό (n) fluid, liquid
υγρό για πιάτα (n) washing-up liquid
υδατική κρέμα (f) moisturiser
υδραυλικός (m) plumber
υιοθετημένος-η-ο (m-f-n) adopted
υλικό (n) material
ύπαιθρος (f) country(side)
υπάλληλος (m/f) clerk
υπεραστικό (n) long-distance call
υπέρβαρο (n) excess baggage
υπεύθυνος-η-ο (m-f-n) responsible
υπό κράτηση arrest: under arrest
υποβρύχιος-α-ο (m-f-n) underwater
υπόγειο (n) basement
υπόγειος διάβαση (f) underpass
υπογραφή (f) signature
υπογράφω to sign
υποδηματοπωλείο (n) shoe shop
υπόθετο (n) suppository
υποθήκη (f) mortgage
υποκατάστημα (n) branch (bank, etc.)
υπολογιστής (m) computer
υπότιτλοι (m/pl) subtitles

υπουργός (m/f) minister
υποχρεωτικός-ή-ό (m-f-n) compulsory
ύφασμα (n) fabric, cloth
ύφος (n) style
ύψος (n) height

Φ, φ

φαγητό (n) food
φαγούρα (f) itch
φαγώσιμος-η-ο (m-f-n) edible
φάκελος (m) envelope
φακίδες (f/pl) freckles
φακός (m) contact lens, lens
    (camera), torch
φαλακρός-ή-ό (m-f-n) bald
φανάρια (n/pl) traffic lights
φανέλα (f) sweatshirt
φανελάκι (n) vest
φανερός-ή-ό (m-f-n) obvious
φαντάζομαι to imagine
φαντασία (f) imagination
φανταστικός-ή-ό (m-f-n) fantastic
φαξ (n) fax
φαρδύς-ιά-ύ (m-f-n) broad
φάρμακο (n) medicinal drug
φαρμακοποιός, (m) chemist (pharmacist)
φασόλια (n/pl) beans
φεγγάρι (n) moon
φελός (m) cork
φεμινιστής (m), φεμινίστρια (f) feminist
φερμουάρ (n) zip
φέρνω to bring, fetch
φέρρυ μποτ (n) ferry
φεστιβάλ (n) festival
φέτα (f) slice
φεύγω to come off (e.g. button),
    to go away
φεύγω to depart (bus, car, train)
φθινόπωρο (n) autumn
φιάλη γκαζιού (f) gas bottle/cylinder
φιλάω to kiss
φίλη (f) girlfriend
φιλί (n) kiss
φιλμ (n) film (cinema)
φιλοδοξία (f) ambition

φιλόδοξος-η-ο (m-f-n) ambitious
φιλοδώρημα (n) tip *(in restaurant, etc.)*
φίλοι-ες (m-f) friends
φίλος (m) boyfriend
φίλος-η (m-f) friend
φιλοσοφία (f) philosophy
φίλτρο (n) filter
φιόγκος (m) bow *(knot)*
φις (n) electric plug
φλας (n) flash *(camera)*
φλεγμονή (f) inflammation
φλυτζάνι (n) cup
φοβερός-ή-ό (m-f-n) funny *(amazing)*, dreadful
φορά (f) time *(once, etc.)*
φορέας του AIDS (m) HIV positive
φορείο (n) stretcher
φορητό ψυγείο (n) cool box
φορητός-ή-ό (m-f-n) portable
φόρμα γυμναστικής (f) tracksuit
φόρος (m) tax
φορτηγό (n) lorry
φούρναρης (m) baker
φούρνος (m) baker's
φούρνος μικροκυμάτων (m) microwave oven
φουσκάλα (f) blister
φουσκώνω to pump up
φούστα (f) skirt
φουστάνι dress
ΦΠΑ VAT
φράκτης (m) fence
φρέσκος-ια-ο (m-f-n) fresh
φρικτός-ή-ό (m-f-n) horrible
φρούριο (n) fortress
φρούτα (n/pl) fruit
φρύδι (n) eyebrow
φτάνω to arrive, to reach
φτέρνα (f) heel
φτερνίζομαι to sneeze
φτερό (n) feather, wing
φτηνός-ή-ό (m-f-n) cheap
φτιάχνω to make
φτυάρι (n) spade
φτωχός-ή-ό (m-f-n) poor

φυλακή (f) prison
φύλαξη αποσκευών (f) left luggage *(office)*
φυλάω to keep *(to put by)*
φυλλάδιο (n) leaflet
φύλλο (n) pastry
φύλλο (n) leaf
φύλο (n) sex *(gender)*
φυσάει windy
φυσάω to blow
φυσική (f) physics
φυσικός-ή-ό (m-f-n) natural
φυτό (n) plant
φωνάζω shout
φωνή (f) voice
φως (n) light
φωτεινός-ή-ό (m-f-n) bright *(light)*
φωτιά (f) fire
φωτογραφία (f) photo
φωτογραφική μηχανή (f) camera
φωτογράφος (m/f) photographer
φωτοτυπία (f) photocopy
φωτοτυπώ to photocopy

χαιρετώ to greet
χαλάζι (n) hail
χαλαρός-ή-ό (m-f-n) loose
χαλάω to spoil
χαλκός (m) bronze, copper
χαμηλός-ή-ό (m-f-n) low
χαμηλών λιπαρών low-fat
χαμόγελο (n) smile
χαμογελώ to smile
χάμπουργκερ (n) hamburger
χάνω to miss *(bus, etc.)*, to lose
χάπι (n) tablet, pill
χάρακας (m) ruler *(for measuring)*
χάρτης (m) map
χαρτί (n) paper
χαρτί αλληλογραφίας (n) writing paper
χαρτί για στριφτό τσιγάρο (n) cigarette paper
χαρτί τουαλέτας (n) toilet paper
χαρτικά (n/pl) stationer

χαρτομάντηλα (n/pl) tissues
χαρτονόμισμα (n) note *(bank)*
χαρτοφύλακας (m) briefcase
χασάπικο (n) butcher's
χείλος (n) lip
χειμώνας (m) winter
χειραποσκευές (f/pl) hand luggage
χειροποίητος-η-ο (m-f-n) hand made
χειρότερος-η-ο (m-f-n) worse
χέρι (n) hand
χερούλι (n) handle
χήρα (f) widow
χήρος (m) widower
χιλιόμετρο (n) kilometre
χιόνι (n) snow
χιονίζει it's snowing, to snow
χλωμός-ή-ό (m-f-n) pale
χλωρίνη (f) bleach
χοιρινό (n) pork
χόμπυ (n) hobby
χοντρός-ή-ό (m-f-n) thick
χορεύω to dance
χορός (m) dance
χορτάρι (n) grass
χορτοφαγικός-ή-ό (m-f-n)
    vegetarian *(adj.)*
χορτοφάγος (m/f) vegetarian, vegan
χρειάζομαι to need
χρηματιστήριο (n) stock exchange
χρηματοκιβώτιο (n) safe *(strongbox)*
χρησιμοποιώ to use
χρήσιμος-η-ο (m-f-n) useful
χριστιανός-ή (m-f) Christian
Χριστούγεννα (n/pl) Christmas
χρόνος (m) time, year
χρυσός (m) gold
χρώμα (n) colour
χρωστάω to owe
χτενίζω comb
χτες yesterday
χτίζω to build
χτίστης (m) builder
χτυπάω to knock, to hit
χυμός (m) juice
χωλ (n) hall *(in house)*, foyer

χώρα (f) country
χωράφι (n) field
χωριό (n) village
χωρίς without
χωρίς ανθρακικό still *(non-fizzy)*
χωρίς διατροφή self-catering
χωρισμένος-η-ο (m-f-n) separated
χώρος (m) space

Ψ, ψ

ψαλίδι (n) scissors
ψαράδικο (n) fishmonger's
ψάρεμα (n) fishing
ψαρεύω to fish/go fishing
ψάρι (n) fish
ψάχνω to look for
ψεύτικος-η-ο (m-f-n) fake, false
ψηλός-ή-ό (m-f-n) high, tall
ψητός-ή-ό (m-f-n) roast
ψηφιακή μηχανή digital camera
ψηφιακός-ή-ό digital
ψηφίζω to vote
ψιλά (n/pl) change *(small coins)*
ψυγείο (n) refrigerator, fridge
ψωμάκι (n) bread roll
ψωμί (n) bread

Ω, ω

ωμός-ή-ό (m-f-n) raw
ώρα (f) hour
ώρα αιχμής (f) rush hour
ωραίος-α-ο (m-f-n) beautiful, nice
ώριμος-η-ο (m-f-n) mature, ripe

index

index

223

Now you're talking!

If you're keen to progress to a higher level, BBC Active offers a wide range of innovative products, from short courses and grammars to build up your vocabulary and confidence to more in-depth courses for beginners or intermediates. Designed by language-teaching experts, our courses make the best use of today's technology, with book and audio, audio-only and multi-media products on offer. Many of these courses are accompanied by free online activities and television series, which are regularly repeated on the BBC TWO Learning Zone.

Independent study course
288pp course book;
2 x 75-min cassettes

Short independent study course
128pp course book; 2 x 60-min
CDs/cassettes; free online activities;
6-part television series